政府管制评论
REGULATION REVIEW

2012年第2期（总第2期）

王俊豪 主编

中国社会科学出版社

图书在版编目（CIP）数据

政府管制评论. 第 2 期/王俊豪主编 . —北京：中国社
会科学出版社，2012.10
ISBN 978 - 7 - 5161 - 1598 - 5

Ⅰ.①政…　Ⅱ.①王…　Ⅲ.①政府管制—研究　Ⅳ.
①F20

中国版本图书馆 CIP 数据核字〔2012〕第 249956 号

出 版 人	赵剑英
选题策划	卢小生
责任编辑	卢小生
责任校对	吕　红
责任印制	李　建

出　　版	中国社会科学出版社
社　　址	北京鼓楼西大街甲 158 号（邮编　100720）
网　　址	http://www.csspw.cn
	中文域名：中国社科网　　010 - 64070619
发 行 部	010 - 84083635
门 市 部	010 - 84029450
经　　销	新华书店及其他书店

印　　刷	北京市大兴区新魏印刷厂
装　　订	廊坊市广阳区广增装订厂
版　　次	2012 年 10 月第 1 版
印　　次	2012 年 10 月第 1 次印刷

开　　本	710×1000　1/16
印　　张	11
插　　页	2
字　　数	223 千字
定　　价	30.00 元

《政府管制评论》主编、学术委员会及编辑部人员名单

目　录

改革动力机制与电力体制改革政策实施绩效

唐要家

摘　要　转轨经济中的垄断行业管制体制改革是一个涉及众多利益主体的政治博弈过程。体制改革政策实施中不同层级主体的激励差异、组织运行规则和决策影响活动成为影响改革绩效的内生因素，利益集团的影响活动降低了改革的动态承诺可信性和有效推进。由于电力体制改革缺乏内生性的改革动力机制，因此，制度企业家的改革承诺可信性就成为关键。深化电力体制改革需要遵循法治的原则，形成强有力的制度企业家的改革承诺可信性，构建有效的改革决策与实施体制，形成不同利益主体平等参与的社会监督体制，实现重点领域的改革突破。

关键词　制度变迁　改革动力机制　制度企业家　利益集团

一　引言

在垄断行业改革的经济学理论和管制经济学理论中，现有的管制经济学理论和制度经济学理论研究更多地关注于改革路径和模式的设计及其绩效研究，对于渐进改革中的改革政策实施动力机制问题则关注不够，而这才是理解转型经济管制体制改革问题的关键。由于改革的制度起点不同，转型经济中的垄断行业改革，实际上是一个大规模的强制性制度变迁过程。由于垄断行业改革涉及各个不同利益主体的利益调整，因此，垄断行业改革本质上是一个不同利益主体动态博弈的政治过程。在管制经济学中，施蒂格勒（1971）、佩尔兹曼（1976）、贝克尔（1983）等学者分析了利益集团俘获管制机构的问题，但是这些分析是在管制体制给定下来探讨管制的供给和需求问题，其主要解释为什么管制会存在，但没有对管制制度变迁（放松管制）中的利益博弈和动力机制给出解释。在制度经济学中，林毅夫（1989）提出了诱致性制度变迁和强制性制度变迁的理论，但是对于强制性制度变迁中可能存在的政策失灵问题及

　[作者简介]　唐要家：浙江财经学院政府管制研究院，杭州，310018。

其内在的行为机制却没有进一步解释，只是指出"统治者的偏好和有界理性、意识形态刚性、官僚政治、集团利益冲突和社会科学知识的局限性"等因素可能会造成政策失灵。中国电力行业体制改革为我们分析这一问题提供了很好的特征化制度案例，有助于我们分析转型经济中垄断行业改革绩效的内生影响因素和动力机制，从而更好地解释有利于整体社会福利的强制性制度变迁中的激励机制和政策失灵。

二　电力体制改革政策的实施绩效

电力行业是国民经济的基础性产业，实现稳定、高效的电力供应一直是中国电力行业发展和电力体制改革的重要目标。中国电力行业体制改革开始于1980年，当时为解决电力短缺而推出了集资办电政策；2002年国家则明确提出了以"打破垄断，引入竞争"为核心的市场化导向的电力体制改革目标。

（一）电力体制改革阶段性任务的实施效果

2002年以来，市场化取向的电力体制改革目标和任务的基础性文件是2002年发布的《电力体制改革方案》和2007年发布的《关于"十一五"深化电力体制改革的实施意见》，这两部文件对"十五"和"十一五"期间电力体制改革的主要任务作出了明确的阶段性目标规定。根据电力体制改革市场化取向的目标要求和以这两部文件为主的国家有关文件规定，本文对2002年以来，中国电力体制改革五大主体框架要素的具体改革任务及其实施效果进行了总结（见表1）。

表 1　　　　　　　　**2002 年以来电力体制改革的实施效果**

电力体制改革框架要素	"十五"期间		"十一五"期间	
	任务	成效	任务	成效
结构重组构造市场主体	厂网分开重组电力资产	√	电网企业主辅分离	×
	电力输配业务财务独立	×	深化电力企业改革	△
	主辅分离	△	研究制订输配分开方案	×
	电力企业股份制改造	√	节能调度	△
电力市场体系	建立竞争开放的区域电力市场	△	加快区域电力市场平台建设	△
	开展大用户直供电试点	×	推动跨区、跨省电能交易	△
电力价格机制	实行发电竞价上网	△	理顺电价机制	×
	建立合理的电价形成机制	×	实行煤电价格联动	×
			实行节能环保电价	△

续表

电力体制改革框架要素	"十五"期间		"十一五"期间	
	任务	成效	任务	成效
行业监管体制	设立国家电监会 完善修订有关法规 改革电力项目审批办法	√ △ √	《电力法》的修订 完善电力投资项目核准制 完善市场运行规则和监管办法	× √ △
普遍服务体制	继续深化农电管理体制改革	△	深化农电管理体制改革 实现城乡电网同网同价	△ √

注：表中√表示完成改革目标，×表示没有真正实行改革，△表示进行了一些改革但是没有达到预定的目标要求。

从表1可以发现，2002年以来中国电力体制改革政策在厂网分开，重组电力资产方面取得积极进展，在市场化电价形成机制、电力市场体系建设和农电改革方面进行了一些尝试性改革，先后成立了电监会、国家能源局和国家能源委，并对电力投资审批体制进行了改革。根据电力体制改革方案确定的改革目标和市场化取向电力体制的目标模式，可以发现，目前已有的电力体制改革仍然与市场化取向的电力体制目标有很大的差距。具体来说：第一，电力结构重组尚未彻底完成。目前，电力行业结构重组主要完成了发电领域的厂网分离和引入竞争，但是输电、配电、售电环节仍然维持一体化的组织结构，形成了电网公司一家在发电侧和需求侧"独买独卖"的双边格局，并出现了国家电网公司逆改革目标的垄断势力纵向扩张和强化电网对地区市场垄断的现象。

第二，市场竞争主体不健全。尽管国务院在2005年和2010年先后出台了鼓励非公有制经济发展的"旧36条"和"新36条"，但实际上非公经济进入电力行业的障碍仍然较高。2009年民营及外资发电企业装机容量占全国总装机容量的比重仅为4.82%，国有资本仍占95%以上。

第三，电价改革严重滞后。市场化的电价机制尚未形成，改革政策确定的竞价上网也没有完全推行、输配价格机制不合理、煤电价格联动停滞、销售电价与上网电价无法联动，电价无法反应资源稀缺、市场供求和节能环保的要求。

第四，节能减排的体制障碍日益凸显。目前，电力节能减排主要是依赖行政手段，带有较强的计划与命令特征，市场化的节能减排长效机制尚未建立，在地方追求GDP增长的体制下，高能耗产业进一步扩张，这必然会加剧电力短缺和影响国家节能减排目标的实现。

第五，电力行业管理体制尚未理顺，电力行业管理职权分散，多头管理、职权交叉等问题依然突出。《电力法》的修订工作又一直没有进展，改革后的电力行业管理很多方面都无法可依，不得不重新寻求行政手段解决经营管理过程中的诸多问题，背离了电力改革引入竞争、强化市场机制的初衷。

第六，电力普遍服务的长效机制尚未形成。现行的农电普遍服务完全依赖政府财政投入，没有形成与市场化体制相适应的电力普遍服务的长效机制。总体来看，相对于电力体制改革的根本目标和阶段性任务来说，2002年以来的电力体制改革离电力市场化取向改革目标模式仍有很大的距离，行业发展的体制机制没有得到根本改变，阶段性改革任务并没有得到很好地贯彻实施，个别改革领域进展缓慢、停滞不前。

（二）改革滞后下的电力行业发展风险

中国电力体制改革采取的是渐进的改革方式，阶段性改革任务的实施绩效对促进电力行业发展和进一步改革都有重要的影响。在渐进改革过程中，如果在某一特定阶段改革停滞，处于改革进程中的诸多不成熟的新体制和尚未改革的旧体制之间的摩擦和矛盾就会长期累积，最终造成行业发展危机的出现。2002年以来电力体制改革的绩效结果说明，中国电力体制改革的任务还远远没有完成，目前电力行业发展中出现的各种问题是电力体制改革严重滞后下各种体制冲突的必然体现。近年来"煤涨、运紧、电荒"一直是困扰中国经济的突出问题。2011年以来，中国区域性电力短缺在国内部分省份提早出现，并且"电荒"呈现出不断蔓延的趋势。区域性"电荒"的提前出现和大面积蔓延说明，中国电力体制改革仍没有在电力行业形成市场化的电力供需协调和平衡机制，市场机制在促进行业高效发展和实现供需平衡方面的基础性作用仍未得到充分发挥。电力行业是国民经济的基础性产业，稳定可靠的电力供应是国民经济持续发展的重要保障。各国电力体制改革实践显示，以市场为基础的有效的制度互补结构是实现供需平衡和高效发展的基础。由于改革的滞后，造成电力行业与国民经济电力需求之间的非均衡性，电力短缺和过剩周期性出现，带来巨大的社会成本。

首先，由于不合理的电力价格形成机制，造成发电企业缺乏为经济增长提供可靠电力保障的激励。近几年来，尽管发电企业的经营效率不断提高，但发电企业的利润等指标持续下降，发电企业亏损面扩大，企业资产负债率大幅度上升，五大发电集团的资产负债率都在80%以上；电力投资建设和增加电力供给的积极性普遍下降，发电投资由2006年的5065.9亿元下降到2010年的3641亿元，火力发电企业发电设备利用小时数由2002年的5272小时下降到2010年的4537小时（见图1）。2011年上半年开始出现的区域性电荒蔓延并不是缺乏电力供给能力，而是缺乏促进企业充分利用电力生产能力和社会资本投资电力来提供电力供应的制度激励。从本质来说，"电荒"的出现是近年来电力体制改革停滞的必然结果，体制性障碍是造成供需失衡的根本原因。

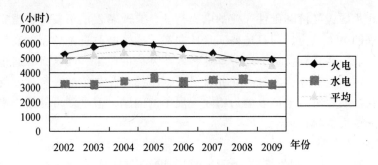

图1　2002—2009 年发电设备利用小时数

其次，由于不合理的输电价格体制和电网企业的双边垄断势力，导致电网企业运营的低效率和高垄断利润。电网工程造价和主要电网输配电成本显著上升，根据电监会发布的《电力监管年度报告》，在 2001—2008 年间，500 千伏交流送电工程造价从 168.12 万元/千米上升到 200.84 万元/千米；2010 年，主要电网企业输配电成本合计为 4222.41 亿元，同比上涨 20.92%，国家电网的输配电价占销售电价 29% 左右。电网垄断企业的利润则大幅上升，2010 年国家电网和南方电网的利润分别比上一年增长了 348.30% 和 145.53%，电网企业的利润占电力行业利润的比重在 2010 年高达 41.7%（见表2）。

表2　　　　　　　　　　2010 年主要电力企业的财务状况

项目 \ 企业	电网企业		发电企业				
	国网	南网	华能	大唐	华电	国电	中电投
资产负债率（亿元）	62.48	67.40	84.46	87.68	87.35	81.46	84.91
同比增长（%）	-2.93	1.28	-0.05	-0.88	-0.36	-0.34	0.49
利润（亿元）	450.90	100.84	69.83	15.16	25.27	60.93	50.18
同比增长（%）	348.30	145.53	1.43	-33.83	20.62	2.18	35.04

资料来源：根据《电力监管报告》（2010）有关数据整理。

市场煤和计划电的体制冲突、发电企业的普遍持续亏损和电网企业的巨额利润、电价的普遍服务和节能环保目标的矛盾，煤炭生产与煤炭运输的矛盾，这些都潜藏着未来电力供应不足的巨大风险。在电力行业产业链纵向环节不同体制交叉错位，纵向价格形成机制扭曲，产业链租金分配严重不合理的情况下，电力生产的供需失衡就成为这一体制运行的必然结果。从长期来看，由于目前电力项目建设的资本金和资金均依靠"短贷长投"来解决，发电企业的运营困境和电网企业高投入的电网投资建设冲动显示，电力项目建设潜藏着巨大的经营风险和金融风险，有可能成为影响未来中国经济持续稳定发展的潜在风险。作为国民经济基础性产业的电力行业，其改革发展不仅要实现安全、可靠、环保的电力供应，而且还要实现建立在效率不断改进基础上的高效率、可持续的发展，并让社会更多地分享这种改革发展的成果，而这只有通过进一步深化电力体制改革才能实现。在此背景下，继续强化传统的行政计划管理体制尽管会在短期缓解乃至掩盖电力行业发展中的问题，但是却可能给未来的经济增长带来更大的潜在风险。

三 目标差异、利益博弈与改革实施

以放松管制为核心的垄断行业改革是一个促进行业效率提高和增进消费者福利的帕累托改进。中国电力行业市场化取向的体制改革目标是明确的，但是在改革推进实施过程中，这些改革目标和阶段性改革任务并没有得到很好的贯彻执行，电力行业发展中的深层次问题没有得到解决。维持一种无效率的制度安排和国家不能采取行动来消除制度不均衡，这两者都属于政策失败（林毅夫，1995）。诱致性制度变迁是在制度不均衡下各个主体追逐潜在获利机会自发进行的，而强制性制度变迁则是由政府来推动和实施的，因此政府实施主体能否形成持续推进改革的动力机制就成为决定强制性制度变迁绩效的关键。根据实施动力机制的差异，我们将强制性制度变迁又分为外生型强制性制度变迁和内生型强制性制度变迁。

（一）改革政策实施的层级结构

从国际经验来看，垄断行业的管制体制改革都遵循"立法先行"的原则，由立法机关通过立法程序来确定改革的基本方案。但是在转型经济国家，由于传统的行政主导体制，在改革政策实施中，立法机关一般很难发挥主导作用，因此，制度企业家就成为改革的主要推动者，但是具体的改革政策实施则需要借助于行政性的政府部门来推进。概括地说，转型国家改革政策的实施实际上是一个层级制的行政主导结构，这里涉及三个基本的主体：制度企业家（决策者）—政策实施部门（执行者）—垄断企业（被改革者）。在这个层级结构中，制度企业家具有改革决策权，对改革的总体战略设计、改革重点、改革时机选择等享有政治决断权。但是由于能力约束和信息约束，改革政策的具体实施需要授权给相应的政策实施部门来执行，制度企业家和实施部门之间构成了一种委托—代理关系。由于信息不对称和部门利益的存在，政策实施部门的执行活动会产生代理问题，由于部门利益出现扭曲改革政策或执行不力的问题。相对说来，垄断企业是改革的对象，改革会极大地降低或消除垄断企业的垄断利润，为了最大化垄断利润和维持已有的垄断租金，垄断企业竭力通过各种方式来影响制度企业家的改革决策和政策实施部门的具体改革方案与实施工作，以争取有利的政策环境，实现社会财富向自己倾斜的分配和更多的转移。

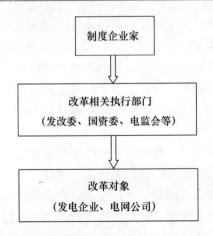

图 2　电力体制改革政策实施的层级结构

"在经济转型过程中，政治制度和利益集团的关系一直是大规模制度变迁的核心问题"（热若尔·罗兰，2002）。在改革政策实施体制中，不同主体的目标追求、利益冲突和制度运行规则都深刻地影响改革政策的实施及其绩效。由于利益冲突，改革政策的实施实际上是一个不同主体的动态博弈的过程，为了确保帕累托改进的改革政策得到有效推进，必须形成一个有效激励制度企业家和政策实施部门的组织实施体制和有效制约垄断产业利益集团的政治影响活动的政治和行政运行规则，从而保证改革政策实施的动态承诺可信性。

（二）　改革政策实施中的利益博弈与改革动力耗散

1. 制度企业家

制度企业家的政治偏好和改革意愿影响改革的推进。电力行业改革是一个强制性制度变迁的过程，改革的推进很大程度上受到制度企业家的政治偏好和改革意愿的影响。制度企业家追求的目标具有多元性，其目标并不是单一的行业改革收益最大化，而是改革目标和非改革目标一个加权的政治支持最大化目标函数（格罗斯曼、赫尔普曼，1994）。由于中国政府主导的经济发展模式，垄断性国有企业成为政治企业家实现政治目标的重要依赖，因此对垄断央企的政策偏爱就具有内生性[①]。因此，保持改革政治决策的"泛利性"就成为影响转型经济中强制性制度变迁绩效的重要因素。

制度企业家的改革意愿受改革预期收益和成本的约束。从动态来看，制度企业家的政治偏好和政策关注重点往往会受到社会经济发展中重大事件的影响，在电力行业平稳发展的时期，制度企业家对具有长期影响的电力行业改革

---

① 舒尔茨（1978）指出，"处于统治地位的人在政治上依赖于特定群体集团的支持，这些集团使政体生存下去。经济政策在这个意义上来讲是维持政治支持的手段"。

的意愿则会相对减弱，从而出现改革意愿不足的问题，但是，当电力行业的体制矛盾导致严重的危机事件出现时，则会增强制度企业家的改革意愿；另外，由于受到政治任期的影响，制度企业家的改革具有明显的动力递减和偏重于短期收益最大化的倾向。因此，转型经济中的电力体制改革具有明显的非持续性和波动性。重大危机事件促进改革的动力模式往往要付出较高的改革社会成本。

在信息不对称的情况下，制度企业家改革意愿会向有关的利益主体传递出不同的改革政策信号，进而影响他们的预期。因此，制度企业家与改革实施者和改革对象之间具有动态的博弈互动，在不完全信息的情况下，根据对彼此的行为观察来推测对方的改革信念并作出自己的占优战略行为选择。制度企业家改革意愿的模糊和改革决心的摇摆会向实施者和改革对象传递一种"弱改革者"的信号，从而降低改革承诺的动态可信性，影响改革的有效推进。在"弱改革者、强改革对象"的格局下，由于巨大的垄断利益，产业利益集团会有很强的激励来影响改革者的决策，使制度企业家确信产业利益集团所偏好的政策是符合社会公共利益的，从而采取更偏好产业利益集团的政策。在政策制定过程中，制度企业家赋予产业利益集团的权重越高，产业利益集团的收益就越大，改革政策偏离社会福利最大化目标就越远。因此，垄断行业改革政策不是社会福利函数最大化的结果，而是社会不同集团影响力政治博弈的均衡结果。

2. 改革实施部门

改革政策实施部门的组织运行体制影响政策实施效果。根据公共选择理论，政府改革实施部门并不是制度企业家的直接"传声筒"（布坎南，2004），这些机构实际上是由很多追求个人利益的官员所组成。尽管制度企业家会设计各种激励和监督考核机制来确保政令统一，但是即便如此仍然无法彻底消除官僚的自利行为①。在此情况下，为了维护部门利益或官员的个人职权收益，这些部门可能会阻碍降低其职权收益的改革，并可能利用职权参与垄断企业的租金分配，"被产业利益集团所俘获，与被改革者形成利益共同体"（拉丰、梯若尔，2004）。因此，改革实施部门的职权配置和组织运行体制很大程度上影响着改革政策的实施效果。

为了推进电力体制改革，根据 5 号文件，2002 年国务院设立了电力体制改革领导小组，具体负责电力体制改革实施工作，下设电改办负责日常的工作②。2010 年，国务院又成立了国家能源委员会。尽管国务院设立电力体制改

---

① 拉丰、梯若尔（2004）指出，在不对称信息的委托—代理框架下，管制分权是防止管制失灵的重要制度设计，但是忽视了管制分权可能会降低监督的有效性并加剧管制俘获问题的出现。

② 由于组长人事任职的变动，电力体制改革领导小组在很长一段时间处于无人负责的状态。这一机构设置存在的一个奇怪的问题是改革对象——国家电力公司是其组成单位。

革领导小组和成立国家能源委员会这两个决策机构是为了推进能源战略规划和电力体制改革，但是这两个机构并没有很强的权威性，也不是权责明确的实施主体，它们实际上是一个国务院总理主持下由多个相关部门负责人组成的跨部门协调机构，是一个促进不同部门达成共识和实现利益平衡的组织制度安排。由于电力行业体制改革存在着复杂的利益冲突，因此这个机构往往并不能及时作出彻底的改革政策方案。由于部门利益冲突和高协调成本，造成原本促进改革的机构却变成了阻碍改革决策的组织制度安排，陷入制度设计的自我束缚的"陷阱"中。

中国电力行业改革是由多部门分别实施的，行业管理权分散在发改委、国资委、电监会等多个部门，国家发改委拥有电力项目审批和定价的管理权，国资委则拥有国有资产的管理权，电监会则只是负责市场和安全监管，省级政府的经济主管部门（发改委或经委）对发电实行计划指标管理（见表3）。垄断行业改革过程也是各个部门之间行政权力重新配置的过程，本质上是部门利益的重新分配的博弈过程，由于不同部门之间的利益是相互排斥的，构成了奥尔森所称的"相斥性集团"（奥尔森，2006）。由于电力行业管制职权配置不合理、部门利益之争和不同部门监管目标的冲突，导致改革政策组织实施体制难以形成合力和有效的执行力，消散了改革的承诺可信性。在部门职权配置不合理和部门利益争夺明显的体制下，电力体制改革工作出现了多头管理和无人负责

表3 电力行业主要监管机构的职能

职能	机构及职权
行业规划	发改委（制定电力发展规划）、电监会（参与电力规划制定）
电价管理	发改委（电价审批）、电监会（电价调整建议）
市场进入	发改委（核准电力建设项目）、电监会（颁发与管理许可证）、安监部门（核发安全生产许可证）
市场运行	电监会（制定电力市场运行规则并监督检查）、地方经济主管部门（制订发电计划、确定发电指标交易）、发改委（与价格有关的垄断行为）
安全环保	电监会（安全与环保检查）、建设部（电力工程建设安全管理）、安监局（电力项目安全预评价）、质检总局（火电厂锅炉、压力容器的安全监管）、环保部门（环保排放监测）、地方经济主管部门（燃煤电厂节能降耗监管）
企业管理	国资委（国有资产管理）、财政部（企业财务制度监管）、中组部（央企主要领导任免）

资料来源：根据国务院对有关部门的"三定"方案和有关部门机构设立和组成的有关文件整理。

的现象，导致没有哪一个部门能够作出最终决策，各个行业管理部门各行其是、各自为政和部门利益膨胀；中央和地方的政策冲突，地方政府为了维护地方利益，使省为实体的制度变为地方封锁和强化计划体制的基础；同时也为产业利益集团俘获主管部门提供了空间，尤其是在政府官员寻利和产业利益集团寻租结合的情况下，导致政企合谋利益共同体的出现。改革实施体制的无序状态造成各个主体既缺乏改革的激励也缺乏被问责的约束，部门利益的争夺导致改革陷入"囚徒困境"当中，有利于社会整体利益的改革政策难以真正落实和有效推进，耗散掉改革的动力。

3. 产业利益集团

游说和寻租是利益集团影响经济政策的基本手段。垄断产业利益集团利用各种途径来游说制度企业家和改革实施者，进而左右改革方案的制定和实施。改革往往并不是一个多赢的博弈均衡，更多的是"有人收益、有人受损"的不同集团之间利益重新分配的过程。对于产业利益集团来说，改革更多的是一个既得利益存量的消除和增量重新分配的过程，为了维护既得利益存量和占有更多的利益增量，产业利益集团会采取各种措施来影响改革决策和阻碍改革，争取保留和分割更多的利益。

在电力产业利益集团中，又分为两个存在明显利益冲突的小集团：发电企业和电网公司。多年来的改革已经导致发电市场形成多家竞争的格局，在垄断电网的价格压榨和电价扭曲下产生巨大的利益损失，具有很强的改革意愿。相反，由于电网垄断企业数量少和规模大，具有特殊的政企关系渊源和较强的政治影响力，而且高额垄断利润也为电网垄断企业进行阻碍改革的寻租活动提供了充分的激励和充足的资源，它能有效调动各种力量来广泛地影响电力行业的改革决策，成为利益相容的强势利益集团，从而导致改革政策更多地体现了垄断企业集团的利益。因此，这导致电网垄断企业主辅分离改革一直没有有效推进，电力输配分开的改革方案迟迟无法出台。

产业利益集团的影响活动体现在两个方面：事前产业利益集团主要是通过各种方式来影响政府的改革决策以争取有利的改革方案；事后产业利益集团则主要是千方百计地来阻碍或抵制重大改革政策的推进。目前的电力改革方案设计往往由于受专业化人员不足和课题研究资金不够，政府过多依靠电力行业垄断企业的人员、资金开展工作，容易受产业利益集团操纵信息的干扰，垄断企业往往主导改革方案设计，改革方案更多体现垄断企业的利益而不是公共利益。电力行业改革应该是一个政府主导的改革决策过程，但是由于特殊利益集团的活动和改革方案的不公开和缺乏有效的公众参与，出现了"被改革者主导改革决策"的局面，使改革决策方案背离了改革的初衷，公共利益无法充分体现，严重阻碍了改革方案的科学制定和有效实施。

四　结论性评论

在转型经济中，与竞争性行业的市场化改革不同，垄断行业体制改革无法通过诱致性制度变迁来实现，由于它更多的是对既得利益的消除，由此造成改革的动力相对不足，改革的阻力则会更大，所以垄断行业改革只能采取强制性制度变迁的方式，必须通过中央层面的战略性的改革顶层设计和有力的改革组织实施体制来强力推进，企业家应树立"强改革者"的形象，并通过制度建设形成改革可信的动态承诺机制。在改革推进过程中，为了保证改革政策的有效实施，必须确保形成有效的改革动机机制和改革实施体制，实现由外生型强制性制度变迁向内生型强制性制度变迁的转化，凝聚改革共识，形成改革合力。

推进电力改革的核心是形成有效的改革动机机制和改革实施体制，具体来说：第一，建立科学、公正的改革决策机制。电力体制改革是一个国家的重大改革领域，其复杂性和社会影响面都较高，为了确保改革方案的科学、公正和社会认同，在改革方案的设计过程中，应该成立独立的专家委员会，保证改革决策群体的独立性和充分体现公共利益，并确保改革决策的透明度和公开性，通过各种方式和途径实现有效的公众参与；建立改革政策的影响评估机制，通过成本—收益分析来提高改革决策质量；强化监督制度建设，建立有效的改革绩效评估机制和行政监督机制，对改革不力的有关人员进行问责。第二，深化电力行业改革，前提必须是立法先行，为此需要及时修订《电力法》，明确电力体制改革的目标和主要内容，将改革决策上升到国家意志。第三，实现行业管理职权的科学配置与有效监督。推进国务院机构体制改革，设立负责宏观管理的国家能源部，对电力行业的微观管制则由电监会负责，并根据依法监管和"政监分离"的原则，强化电监会的监管能力。第四，重点推进关键环节的体制改革，深化电力体制改革需要在重点的关键环节取得突破，整体推进电价改革，形成合理透明的电价机制；应强力推进输配分开体制改革，并实现电力调度的充分独立，增进改革的收益和惠及公众。

参考文献

[1] 施蒂格勒：《产业组织和政府管制》，上海三联书店 1989 年版。

[2] Peltzman, S., The Economic Theory of Regulation after a Decade of Deregulation [R]. Brookings Papers: Microeconomics, 1989.

[3] Becker, G., A Theory of Competition among Pressure Groups for Political Influence [J]. *Quarterly Journal of Economics*, 1983, (98).

[4] Laffont, *Incentives and Political Economy*. Oxford University Press, 2004.

［5］Schultz，Theodore W. ，*Distortions of Agricultural Incentives.* Bloomington：Indiana University Press，1978，pp. 401 – 423.

［6］林毅夫：《关于制度变迁的经济学理论》，《财产权利与制度变迁》，上海三联书店 1995 年版。

［7］热若尔·罗兰：《转型与经济学》，中国人民大学出版社 2002 年版。

［8］格罗斯曼、赫尔普曼：《利益集团与贸易政策》，中国人民大学出版社 1994 年版。

［9］布坎南：《宪政经济学》，中国社会科学出版社 2004 年版。

［10］拉丰、梯若尔：《政府采购与规制中的激励理论》，上海三联书店 2004 年版。

［11］格罗斯曼、赫尔普曼：《特殊利益政治学》，上海财经大学出版社 2009 年版。

［12］奥尔森：《集体行动的逻辑》，上海三联书店、上海人民出版社 2006 年版。

［13］姚洋：《中性政府：对转型期中国经济成功的一个解释》，《经济评论》2009 年第 3 期。

［14］王俊豪等：《中国垄断性产业管制机构的设立与运行机制》，商务印书馆 2008 年版。

发展中国家公用事业规制体系
困境剖析、再构建及其启示

陈　剑

摘　要　因直接套用为发达国家设计的规制理论体系，发展中国家公用事业改革付出了巨大代价。本文针对发展中国家制度禀赋的缺陷，分析现有公用事业规制体系存在的主要问题，提出可能的解决办法，以期能对中国公用事业改革提供有益帮助。

关键词　公用事业改革　制度　规制治理　规制激励

一　引言

很多文献研究表明，发展中国家公用事业改革的整体效果并不好（Ugaz and Waddams Price，2003；Kessides，2004）。Kessides（2004）甚至认为，发展中国家应该进行第二次公用事业改革，并特别强调要对现有规制体系进行"再改革"。Laffont（2005）也认为，由于发展中国家与发达国家存在巨大的制度性差异，发展中国家不加鉴别地直接套用为发达国家设计的规制体系，必然会导致公用事业改革失败，并造成巨大的社会成本。

任何一个规制体系都镶嵌在一国正式与非正式的特殊制度环境中，要明确一国规制体系是否适宜，首先必须细致考察该国的制度背景。事实上，人们早已认识到制度禀赋是一国经济成功的重要因素（Rodrik，2000）。因为经济发展并不是物质与人力资本的一种简单集聚，而是为了降低信息不对称、最大化经济激励、减少交易成本的一种"制度构建"（Kirkpatrick and Parker，2004）。

对于发展中国家来说，其基本制度禀赋主要存在以下几方面的缺陷（Cook et al.，2004；Beato and Laffont，2002）。首先，政治上的"有限可问

［作者简介］陈剑：江西财经大学规制与竞争研究中心，南昌，330013。

［基金项目］教育部人文社会科学研究青年基金项目"亲贫视角下中国公用事业改革与规制模式的最优设计研究"（10YJC790022）和江西财经大学 2010 年校社科基金"公平视角下我国垄断性基础产业改革与规制治理研究"。

责"。发展中国家的政治契约具有内在的不完全性，代理人一般不会被他们的委托人问责，所以发展中国家的政府机构易于被利益集团所俘虏而产生腐败，甚至造成发展中国家法律执行情况较差。其次，政治上的"权宜主义"。发展中国家制定政策时，常常采取"头痛医头，脚痛医脚"的方式，制定有偏向性的政策而损害某一方的利益，导致政治上的权宜主义，进而导致政策上缺乏一致性。最后，公共资金的高成本。由于税率对经济效率的扭曲作用以及税务系统本身存在运营成本，国家在征收公共资金时，必然存在成本。而相对发达国家，发展中国家的公共资金成本非常高。有学者测算了发达国家公共资金的成本为 0.3，而发展中国家公共资金的成本超过 1 (Jones et al. , 1990)。最后，缺乏专业人员。发展中国家的教育水平较低，严重缺乏具有监督、审计和实施政策等技能的专业人员。

二　发展中国家公用事业规制体系困境分析

总体上，发展中国家由于缺乏公正廉洁的政府、独立的媒体与司法系统，常常面临公共部门治理能力低下、政策失灵、腐败和任人唯亲等制度能力方面的约束，导致其现有规制体系难以有效维护与促进公用事业改革，具体体现在以下三个方面：

（一）规制机构的"有限性"

按照经典规制经济学文献 (Laffont and Tirole, 1993) 的委托代理框架，规制机构作为国家（政府）监管公用事业的代理人，利用自己的专业知识与经验，能够降低国家（政府）与被规制企业之间的信息不对称，减少信息租的支付，并激励被规制企业提高效率、降低成本。在具体监管实践中，规制机构还要承担有效实施规制措施的责任。然而，由于制度禀赋的缺陷，发展中国家规制机构往往存在诸多"有限性" (Laffont, 2005; Estache and Wren - Lewis, 2009)，进而严重影响其规制政策的实施效果。

首先，有限能力与执行力。大多发展中国家的规制机构成立时间不长，缺乏资金与专业人员，特别是缺乏熟悉规制政策分析和契约设计的经济学家、审计人员与法律工作者，导致规制机构只有有限能力与执行力 (Domah et al. , 2003)。规制机构的有限能力与执行力不仅会降低规制机构的监督技术水平，难以获得被规制企业的成本或努力水平等信息，而且会导致规制机构制定不恰当的规制措施，或者无法真正理解现有的规制措施而无法正确地执行。Kirkpatrick 等 (2005) 对发展中国家规制机构进行调查，发现其中有 44% 的被调查者承认自己无法区分不同的价格与利润规制模式。

其次，有限可问责。由于政治上的有限可问责，发展中国家的规制机构也存在有限可问责而无须被公众问责。一项针对规制机构的国际调查发现，只有

1/4 的规制机构有法律上的义务公布其规制决策的原因（NERA，2005）。规制机构的有限可问责必然导致制定与实施规制政策过程缺乏透明性与参与性，并进一步恶化腐败问题，从而大大提高实行"防范合谋"规制契约的难度（Beato and Laffont，2002）。

最后，有限承诺。发展中国家在政治上的权宜主义会降低其规制机构的承诺能力。Levy 和 Spiller（1996）认为，公用事业行业天然地就会被政治化。因为公用事业服务资费具有较高的政治敏感性，即使法律赋予规制机构制定资费的权力，政府仍然会对规制机构施压，要求其修改甚至推翻原有决议，致使规制机构只具有有限承诺能力。规制机构的有限承诺会产生"棘轮效应"与"套牢"问题，而"棘轮效应"会进一步恶化发展中国家信息不对称问题，"套牢"则不仅会降低民营企业的投资水平，而且会降低国有企业的努力水平。

（二）规制治理权衡

规制治理结构主要解决的是利益冲突的控制问题，包括不同规制机构之间、规制机构与规制企业之间、规制机构和规制企业与消费者或公众之间的利益冲突（张昕竹，2011）。在发展中国家现有的制度禀赋背景下，其规制治理结构的设置困难重重。本文主要考察规制机构独立性选择与规制机构结构设计两个方面的问题。

1. 规制机构独立性选择

规制机构独立性，既包括独立于被规制企业，也包括独立于政府部门。按照经典的规制理论分析，规制机构应该独立于被规制企业，否则规制机构能够通过私下契约获得贿赂，并通过隐藏信息，使被规制企业获取更多信息租，出现规制俘虏（Laffont and Tirole，1993）。然而在发展中国家，由于规制机构具有"有限承诺"特点，投资者会担心"套牢"问题而降低投资水平，而扩大投资却正是发展中国家公用事业改革的重要目标之一。

让发展中国家更难抉择的是，规制机构是否应独立于政府部门。如果规制机构独立于政府部门，由于发展中国家规制机构所具有的"有限可问责"特点，有可能会恶化规制俘虏问题。而如果规制机构受制于政府部门，则很容易产生政治俘虏，即政府或社会精英将规制政策作为他们追求政治目的的工具（Stiglitz，1998），扭曲规制目标（Kirkpatrick and Parker，2004），并影响到规制机构的承诺能力。

所以，在发展中国家制度背景下，如何选择规制机构独立性水平是非常困难的。

2. 规制机构结构设计

规制机构的结构存在三个维度的划分：在纵向维度是否授权可以划分为国家集权型规制机构或者地方分权型规制机构，在横向职能维度是否分权可以划分为特定职能型规制机构或者职能集权型规制机构，在横向产业维度是否跨行业可以划分为特定产业型规制机构或者跨产业型规制机构（Smith，2000）。不同规制机构结构具有各自的优缺点，以规制机构是否纵向授权为例，国家集权的好处主要是降低规制性"竞次"（race to the bottom）的风险，分担固定成本并分享稀缺人才等资源；而地方分权型的好处主要是增强地方规制者之间的竞争以吸引私人投资（Tiebout，1956；Oates，1999），获取更多信息，依据当地条件和偏好塑造规制，并改善规制决策的执行（Laffont and Zantman，2002）。

发达国家由于制度比较完善，只需依据国家规模与产业技术经济特征的不同，就能够比较明确地确定更适宜的规制机构结构。而发展中国家在选择规制机构结构时，不仅需要考虑国家规模与产业技术经济特征，还需要考虑其他基本制度禀赋问题，例如专业人员、公共资金成本、有限承诺、腐败等。这些制度禀赋对规制机构结构设计的影响常常是模糊的，甚至是对立的（见表 1），这导致发展中国家相对发达国家，更难选择合适的规制机构结构。

表 1　　　　　　　　　　发展中国家相对发达国家是否更集权

	是否授权	是否分权	是否跨产业监管
缺乏专业人员	＋	＋	＋
高公共资金成本	—	＼	—
有限承诺	—	—	＼
有限可问责（易于腐败）	＼	＼	＼

注：＋表示倾向国家集权型、职能集权型规制机构、跨产业型；－表示倾向地方分权型、职能分权型规制机构、特定产业型；＼表示无法判断。

我们仍然以规制机构是否纵向授权为例。由于缺乏专业技术人员，那么为了分享稀缺人才，相对发达国家，发展中国家应该选择国家集权型规制机构。而由于具有极高的公共资金成本，为了减少信息租的支付（Laffont and Martimort，1999），或者由于有限承诺，为了增加规制机构再谈判的成本（Martimort，1999），相对发达国家，发展中国家应该选择地方分权型规制机构。而如果政府只有有限可问责性，即政府是非仁慈的，发展中国家就更难明确规制是否应该授权（Bardhan and Mookherjee，1999），因为一方面，授权有可能会被地方产业利益或者地方政客俘虏并保护地方垄断，阻碍区域间贸易，甚至妨碍中央规制政策的执行（Bardhan and Mookherjee，2006）；另一方面，地方政治家具有更强的可问责性，这种好处可以抵补或者缓解授权带来的损失（Seabright，1996）。所以，总体上看，一家规制机构究竟是国家集权好，还是地方分权好，在发展中国家很难有明确的结论。

（三）规制激励困境

规制激励包括定价、补贴、互联互通、竞争和准入等所有具体规制政策。

发展中国家在选择某种规制政策的具体方式方面，以及各规制政策协调方面，都存在一定程度上的困境。本文以价格规制模式选择与规制政策间的协调两个方面为例，说明发展中国家规制激励的困境。

1. 价格规制模式选择

常见的价格规制模式包括"服务成本规制"及"价格上限规制"两种。按照经典规制理论，作为低激励强度的服务成本规制，存在三方面缺陷：规制机构缺乏防止被规制企业虚报成本的充分信息，被规制企业没有激励降低成本，产生 A—J 效应。而作为高激励强度的价格上限规制，能够激励被规制企业降低成本，提高生产效率，并且无须获得被规制企业的经营成本信息。从这个角度看，价格上限规制模式优于服务成本规制模式。

然而，在发展中国家特有的制度禀赋背景下，需要重新考察这两个价格规制模式。首先，虽然价格上限规制模式无须了解被规制企业的经营成本信息，但却需要获取 RPI 与 X 的信息，即要了解国家整体价格指数的变化以及特定产业的成本变化，而这些信息却正是发展中国家所缺乏的。其次，价格上限规制模式难以界定价格调整的频率，调整过于频繁会降低被规制企业提高效率的激励；调整过慢又会导致价格与成本相差较大，消费者无法及时获得成本降低的好处，从而在政治上产生困难。最后，价格上限规制模式中的规制机构具有较大的自由裁量权，由于规制机构的"有限可问责"特征，民营投资者担心"敲竹杠"问题，进而降低其投资的激励。而服务成本规制模式的投资收益比较稳定，更易于激励投资，其所具有的 A—J 效应正好可以弥补发展中国家公用事业投资不足的缺憾，有益于经济的长期增长。所以，在发展中国家特有的制度禀赋背景下，价格上限规制模式并不一定优于服务成本规制模式。

2. 规制政策间的协调

发展中国家由于缺乏完善的社会保障体系以及转移支付体系，公用事业规制不仅要考虑效率目标，也要承担公平目标。这种多目标性使规制机构在协调多个规制政策时存在困境，比如普遍服务责任与引入竞争的冲突。普遍服务责任要求公用事业提供无歧视的服务给任何愿意接入的消费者。而由于公用事业提供给不同消费者的服务所花费的成本不同，并且消费者存在支付能力差异，那么在缺乏足够补贴的情况下，要实现普遍服务，公用事业企业就必须采取交叉补贴的方式。即高收入、低成本的消费者群体补贴低收入、高成本的消费者群体。然而，为了促进效率而引入竞争的改革，却往往使交叉补贴方式难以实行（Cook and Mosedale，2007）。因为，无须承担普遍服务责任的竞争型企业通过采取"撇脂战略"，将迫使承担普遍服务责任的企业降低高利润区的价格，从而无法获得足够利润补贴低利润区的损失，进而难以承担普遍服务责任。

甚至为了同一个规制目标，多个规制政策间也会存在冲突，比如同为公平目标的接入率与可支付性政策之间也会出现矛盾。扩大接入率与提高可支付性，都需要大量资金支持，所以通过给予公用事业企业公共补贴，是解决接入与可支付性问题最直接的方式。然而，在发展中国家，由于公共资金的高成本以及财政资金的缺乏，意味着对公用事业企业进行大量公共补贴难以实现，那么要同时实现完全的接入与可支付性就比较困难。因为在缺乏公共资金补贴的情况下，要提高"接入率"，就必须提高企业利润，也就需要提高公用事业产品价格，但此时就降低了"可支付性"；要提高"可支付性"，就必然降低企业的盈利能力，企业也就无法获得足够资金投资以提高接入率（Estache et al.，2006）。

三 发展中国家公用事业规制体系再构建

由于发展中国家制度禀赋缺陷，导致其规制机构存在"有限能力"，规制治理模式与规制激励内容存在困境。所以 Laffont（2005）认为，在发达国家行之有效的规制政策很难在发展中国家获得相应的效果。为此，需要构建适宜发展中国家公用事业的规制体系。

（一）规制机构能力再构建

监督行业绩效、分析成本数据、处理信息不对称以及考察被规制企业行为等规制职能，需要完备的经济、会计、工程以及法律技能，而发展中国家规制部门面临的最严重的限制就是缺乏合格的、有经验的规制人员（Tremolet and shah，2005）。为了建设有技能、有经验的规制人员队伍，按照 Kessides（2004）的分析，应该加强三方面的工作。首先，实行特殊的人事管理。规制机构应具有完全自主招聘专业人员的权力，不受公务员薪金与雇佣规则的约束，而且应该从不同部门招聘规制人员，使其人员构成更为合理。其次，强化培训。规制人员的在职培训很重要，特别是发展中国家规制人员大多来源于政府部门，缺乏必要的规制技能，在职培训就显得更为紧迫。最后，拓展合作。通过建立国家间的区域性规制机构或者区域网络，可以交换规制经验，发展共同的规制方法与工具，分摊培训费用，分享专业知识，降低规制俘虏风险。

（二）规制治理再构建

1. 规制治理再构建路径

最优规制治理模式是独立规制机构模式，它包括透明性、参与性、可问责性、可预期性、匹配性以及非歧视性等基本要求（Brown et al.，2006）。而由于脆弱的制度、政治权宜性、缺乏透明性以及执行力约束，发展中国家在现阶段实行独立规制机构模式并不是最好的选择，而只是作为一个长期目标。在现阶段，发展中国家应该构建适应这些国家的制度发展水平、规制承诺水平以及人力资源能力水平的适宜规制治理模式，即过渡性规制治理模式（Brown et al.，2006；Eberhard，2007)，并通过精心的制度设计，给过渡性规制治理模式足够的激励与压力，并逐步转向独立规制机构模式。

Eberhard（2007）将规制模式分为独立规制机构模式、部委监管模式、规制契约模式以及外包规制职能模式。其中，独立规制机构模式对制度禀赋要求较高，并不适合发展中国家；部委监管模式难以区分政府职能，对国有公用事业的监管更是存在困难；规制契约模式能够缓解规制机构缺乏承诺的缺陷；外包规制职能模式能够缓解规制机构缺乏能力的缺陷。Eberhard（2007）认为，不同类型国家应该采用不同的规制模式，而且可以同时采用多个规制模式，以获得各规制模式的优点，并且随着一国经济社会的发展，规制模式也随之变化。

如图 1 所示，一国的制度禀赋可以划分为"规制承诺水平"与"人力资源能力水平"两个维度（Brown et al.，2006）。假定最初某个国家处于 A 处，即规制承诺水平与人力资源能力水平都比较低，其规制模式为部委监管模式。如果这个国家首先提高了规制性承诺能力，那么可以建立与部委相分离的规制机构，但是其自由裁量权要受到一定限制，或者将其一部分职能外包，进而随着人力资源水平提高，可以逐步增加这家规制机构的责任与职能，最终实现独立规制模式，即这个国家规制治理模式的演进路径是 A→B→D。而如果这个国家首先提高了人力资源水平，那么可以在部委监管模式的基础上，针对每一项规制项目，签署规制契约，进而随着规制承诺水平提高，可以逐步让规制机构脱离部委，最终实现独立规制模式，即这个国家规制治理模式的演进路径是 A→C→D。

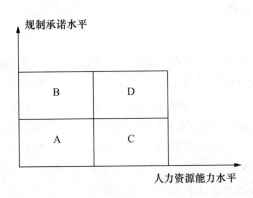

图1

2. 规制治理再构建内容

规制治理再构建是为了在既定的制度背景下，增强规制机构的可问责性及承诺能力，提高规制政策实施透明度。

首先，增强规制机构的可问责性，要求规制机构向公众负责。那么，最基本的，也是最重要的，就是应该在法律上赋予消费者与被规制企业对规制机构决策进行申诉的权力，并且如果利益受到侵害，就能够得到法律救济（Kessides，2004）。在这种情况下，对规制机构进行独立的定期审查就很重要。另外，如果地方政府可问责性强，就应该实行规制授权；而在非常腐败的环境下，将规制机构放在政府部委内部进行管理，也是可行的（Estache and Wren - Lewis，2009）。

其次，强化规制承诺，要求规制机构没有能力也没有激励实施机会主义行为。一种可能的办法是，通过增加规制机构引入"规制者竞争"，即通过分权加大政策变更的难度，从而提高规制承诺。当然，通过"旋转门"或"亲产业偏见"也能够提高规制承诺能力（Che，1995；Salant，1995），不过需要承担规制俘虏大大增加的风险①。

最后，提高规制政策实施的透明度要求规制过程接受公众的审查。一个透明规制体系应允许公众了解规制决策的背景，并且方便公众的咨询以及质疑。所有规制规则、合约以及指导它们的原则都应该公开，并且让所有市场参与人能够较容易获得相关信息。

另外，合理确定规制机构适宜的自由裁量权水平，也是规制治理的一个重要内容。规制机构的自由裁量权应该与其能力水平、承诺力与可问责水平相匹配。在规制能力比较弱小、承诺力与可问责水平较低时，应明确规制机构的主要职权，减少规制部门任务，降低规制的复杂性，尽量减少规制机构的自由裁量权。随着规制机构能力、承诺力与可问责水平的提高，可以逐步调整规制责任范围，增加规制机构的自由裁量权，以提高规制效率。

（三）规制激励再构建

我们仍然以价格规制模式的选择以及规制政策间协调为例。

首先，考虑价格规制模式的选择。发达国家对价格规制模式的选择，主要是考虑信息租与激励强度的权衡。而在发展中国家，价格规制模式的选择，不仅要考虑这种权衡，而且要考虑不同发展阶段所具有的制度禀赋特征对价格规制模式选择的影响。Laffont（2005）把发展中国家规制激励分为三个阶段：当信息极其缺乏，以至于无法观察到总成本时，价格上限规制是唯一的选择；随着时间的推移以及较丰富信息的积累，低强度的激励（服务成本规制）是适宜的；当制度性缺陷消失或者社会对公用事业投资需求下降时，应该推崇价格上限规制，以鼓励效率。另外，鉴于发展中国家公用事业对资金的渴求以及套牢风险，为减少重谈，服务成本规制在近期也许是更现实的选择（Guasch et al.，2007）。

其次，考虑规制政策间的协调。发展中国家规制机构的多目标性导致了规

---

① 对于小而穷的发展中国家来说，跨国公司的有限执行是一个严重的问题，此时通过提高消费者作用，增强消费者群体力量以作为制衡，或者给予规制机构一定的"亲消费者偏见"是可行的（Cook and Mosedale，2007）。

制政策之间的冲突。为了缓解这一问题，完善社会保障体系与转移支付体系是必要的。然而，在这些措施未实现前，规制机构需要明确自己的主要目标。如果规制机构选定了公平目标，就需要实行亲贫规制政策，以弥补其他改革可能给贫困人群带来的不利影响（Parker et al. ，2008）。例如，当特许经营契约的排他性条款使一些替代资源（比如社区储水塔）成为非法而对穷人有不利影响时，规制机构应该添加"优先减贫"的条款，以缓解贫困人群遭受的损失（Ugaz，2003）。当提高可支付性与提高接入率存在冲突时，公用事业规制也许应该着重考虑如何提高接入率（Kirkpatrick and Parker，2003），因为发展中国家已接入公用事业网络的大部分居民属于中等以上收入群体，而真正的贫困人群大都没能接入。

　　总体上看，由于发展中国家的制度禀赋以及规制制度的缺陷，各种问题的解决都是不完美的，而且规制手段之间大多存在权衡问题；再加上创建规制与竞争性环境是极其困难与缓慢的过程，也许现阶段对发展中国家来说，简单的规制手段可能更适合（Kirkpatrick et al. ，2005）。

四　对中国公用事业规制体系再构建启示

　　中国正如火如荼地进行着公用事业改革，现有公用事业规制体系也存在诸多问题，需要进一步调整与改进。依据对发展中国家公用事业规制体系困境分析及其再构建的考察，我们认为要设计中国适宜的公用事业规制体系，就必须与其制度禀赋相匹配，并特别需要注意以下几个方面的问题：

（一）　规制机构独立性

　　中国现有公用事业的规制治理结构并没有采取独立规制机构模式，而是建立了垄断行业的规制治理结构，并且不同行业的规制机构形式也不相同①（张昕竹，2011）。虽然类似于铁道部这种"政—监—企"不分的模式存在巨大弊端，需要尽快调整，但是中国垄断行业规制治理结构具有其合理性，而且独立规制机构模式可能并不适合中国现阶段状况。究其原因，既有与其他发展中国家类似的原因，即具有明显的有限可问责特性与有限承诺力；也是因为中国所具有的特殊制度禀赋，比如"关系"文化。"关系"文化导致中国规制机构更易于被俘虏，实行独立规制机构模式风险更大。事实上，中国原食品药品监督管理局是独立于其他部委（卫生部）的独立监管机构，但是在实践中，其滥用权力，给许多生产不合格药品的厂商颁发许可。最后，国家不得不将其设置

---

　　①　比如，电力行业规制机构是电力监管委员会，并且发改委掌握了其中重要的监管职能——价格规制；电信行业规制机构是工业和信息化部；铁道部则既是铁路行业的行政主管部门，又是监管部门，也是主要经营主体。

在卫生部，放弃了独立规制机构模式。

（二）规制机构结构设计

由于具有与其他发展中国家制度禀赋共性问题，中国规制机构结构设计，无论是在规制职能分权、规制产业范围确定以及规制授权方面，都存在困境。而且由于一些特殊的制度禀赋，中国规制机构结构设计更是存在困难。

首先，考虑规制纵向授权问题。按照经典规制理论，如果地方政府具有更高的可问责性，通过授权，地方分权型规制机构根据当地条件，能够设计更适合于当地的规制措施，以提高规制效率。然而，由于中国是政治上高度集权、经济上分权的国家，而且地方政府官员的晋升主要是通过 GDP 竞赛。在这种情况下，地方分权型规制机构更有激励与被规制企业合谋，导致消费者利益受到损害。

其次，考虑规制职能分权问题。按照经典规制理论，通过分权，职能分权型规制机构会增加规制机构俘虏的难度。但是中国各规制机构之间存在职能划分不清的现实问题（王俊豪等，2008），常常出现重复监管，或者无人监管的问题。

最后，考虑规制产业范围问题。中国在确定规制机构监管产业范围时，除了考虑产业特征、监管能力等约束条件外，还要受各利益集团的博弈影响。中国三网融合的艰难历程就是典型案例。自 2010 年 1 月，国务院常务会决定加快推进三网融合以来，类似于广电方面清理 IPTV，电信方面清理违规接入等阻碍三网融合的行为时有发生，三网融合进程也异常缓慢。究其原因，是因为工信部与广电总局分别监管广播电视网、互联网与电信网，导致利益集团为了维护各自利益，阻止另外一方进入自己领域。为了促进三网融合的顺利展开，规制机构的融合是必要的（张昕竹等，2011）。然而在实践中，各利益集团又纠结于谁能主导新融合的规制机构，致使中国虽然提出三网融合策略已久，规制机构却仍然是分业监管。

（三）规制政策的制定与实施

同样，中国规制政策的制定与实施不仅要考虑具体规制政策模式的选择，还要考虑各规制政策的权衡。比如，在考虑各规制政策间的权衡时，要特别关注贫困人群的利益。如果在公用事业改革过程中，贫困人群利益受到侵害，亲贫规制政策的实施是必不可少的，而且主动实施亲贫规制措施能够促进减贫（陈剑、夏大慰，2010）。中国是在长期实行高福利的计划经济体制下，逐步对公用事业进行改革，改革的主要目标是提高效率，而公平在一定程度上被忽视。在这种背景下，"普遍服务与引入竞争"、"接入率与可支付性"的权衡就更需要我们细致考察，在保持效率提高的前提下，对贫困人群的利益进行充分保护。

总体上，中国公用事业规制体系改革是一个系统工程（戚聿东、柳学信，2008），既要考虑在现有制度背景约束下，设计合适的规制体系，又不能以此为借口，放缓规制改革。在具体改革过程中，既要考虑顶层设计问题，也要考虑规制机制与体制问题，通过不断完善制度建设，完善政府市场监管体制和机构设置，为未来构建独立规制机构模式创造条件（张昕竹，2010）。

参考文献

［1］Bardhan, P., and Mookherjee, D. (2006) "Decentralasation and Accountability in Infrastructure Delivery in Developing Countries". *The Economic Journal*, 116, pp. 101 - 127.

［2］Bardhan, P. and Mookherjee, D., (1999) "Relative Capture of Local and Central Governments: An Essay in the Political Economy of Decentralization". Center for International and Development Economics Research (CIDER) Working Papers C99 - 109, University of California at Berkeley.

［3］Beato, P. and Laffont, J. J. (2002) "Competition in Public Utilities in Developing Countries". Sustainable Development Department, Technical Papers Series, 2/02, IFM - 127. Inter - American Development Bank: Washington DC.

［4］Brown, A. C., Stern, J. and Tenenbaum, B. (2006) *Handbook for Evaluating Infrastructure Regulatory System*. Washington DC: The World Bank.

［5］Che, Y. K. (1995) Revolving Doors and the Optimal Tolerance for Agency Collusion. *The Rand Journal of Economics*, 26: 3, pp. 378 - 397.

［6］Cook, P. and Mosedale, S. (eds.) (2007) *Regulation, Markets and Poverty*, Cheltenham: Edward Elgar.

［7］Cook, P., Kirkpatrick, C., Minogue, M. and Parker, D. (eds.) (2004), *Leading Issues in Competition, Regulation and Development*, Cheltenham: Edward Elgar.

［8］Domah, P., M. G. Pollitt and Stern, J. (2003) "Modelling the Costs of Electricity Regulation: Evidence of Human Resource Constraints in Developing Countries", Mimeo, Risk Regulation, Accountability and Development Workshop, 26 & 27 June, University of Manchester.

［9］Eberhard, A. (2007) "Infrastructure Regulation in Dvelopment Countries - An Exploration of Hybrid and Transitional Models", Working Paper.

［10］Estache, A. and Wren - Lewis, L. (2009) "Toward a Theory of Regulation for Developing Countries: Following Jean - Jacques Laffont's Lead". *Journal of Economic Literature*, 47, pp. 729 - 770.

［11］Estache, A., Laffont, J. - J. and Zhang, X. - Z. (2006) "Universal Service Obligations in LDCs: The Effect of Uniform Pricing on Infrastructure Access". *Journal of Public Economics*, 90: 6 - 7, pp. 1155 - 1179.

［12］Guasch J. Luis, Laffont, J. - J. and S. Straub (2007) "Concessions of Infrastructure in Latin America: Government - led Renegotiation". *Journal of Applied Econometrics*, 22, pp. 1127 - 1294.

［13］Jones, L., Tandon P. and Vogelsang, I. (1990) *Selling Public Enterprises: A Cost*

Benefit Methodology. Cambridge, Mass. : MIT Press.

[14] Kessides, I. N. (2004) *Reforming Infrastructure, Privatization, Regulation and Competition*. Washington DC: World Bank and Oxford University Press.

[15] Kirkpatrick, C. and Parker, D. (2004) "Infrastructure Regulation: Models for Developing Asia". ADB Institute Research Paper Series.

[16] Kirkpatrick, C. and Parker, D. (2003) "Infrastructure in Sub – Saharan Africa". [EB/OL]. Research Papers on Africa and Development (Paper 3). London: JBIC.

[17] Kirkpatrick, C., Parker, D. and Zhang, Y – F. (2005) "Price and Profit Regulation in Developing and Transition Economies: A Survey of the Regulators". *Public Money & Management*, Vol. 24, No. 5, 291 – 296.

[18] Laffont, J. J. and Zantman, W. (2002) Information Acquisition, Political Game and the Delegation of Authority. *European Journal of Political Economy*, 18 (3), pp. 407 – 428.

[19] Laffont, J. – J. and Martimort, D. (1999) "Seperation of Regulators Against Collusive Behavior". *Rand Journal of Economics*, 30, pp. 232 – 262.

[20] Laffont, J. – J. and Tirole, J. (1993) *A Theory of Incentives in Procurement and Regulation*. Cambridge, MA: MIT Press.

[21] Laffont, J. – J. (2005) *Regulation and Development*. Cambridge: Cambridge University Press.

[22] Levy, B. and Spiller, P. T. (1996) *Regulations, Institutions, and Commitment: Comparative Studies of Telecommunications*. Cambridge: Cambridge University Press.

[23] Martimort, D. (1999) "Renegotiation Design with Multiple Regulators". *Journal of Economic Theory*, 88: 2, pp. 261 – 293.

[24] Oates, W. (1999) "An Essay on Fiscal Federalism". *Journal of Economic Literature* 37 (3): 1120 – 49.

[25] Parker, D., Kirkpatrick, C. and Figueira – Theodorakopoulou, C. (2008) "Infrastructure Regulation and Poverty Reduction in Developing Countries: A Review of the Evidence and a Research Agenda". *The Quarterly Review of Economics and Finance*, 48, pp. 177 – 188.

[26] Rodrik, D. (2000) "Participatory Politics, Social Cooperation, and Economic Stability". *The American Economic Review*, 90 (2), pp. 140 – 144.

[27] Salant, D. J. (1995) "Behind the Revolving Door: A New View of Public Utility Regulation". *Rand Journal of Economics*, 26 (3): 362 – 377.

[28] Seabright, P. (1996) "Accountability and Decentralization in Government: An Incomplete Contract Model". *European Economic Review*, 40, pp. 1 – 90.

[29] Smith, W. (2000) "Regulation Utilities: Thinking about Location Questions". World Bank Summer Workshop on Market Institutions, Washington, D. C..

[30] Stiglitz, J. (1998) "Private Uses of Public Interests: Incentives and Institutions". *Journal of Economic Perspectives*, Vol. 12, No. 2, pp. 3 – 22.

[31] Tiebout, C. (1956) "A Pure Theory of Public Expenditure". *Journal of Political Economy*, 64, pp. 416 – 424.

[32] Tremolet, S. and Shah, N. (2005) Wanted! Good Regulators for Good Regulation: An Evelution of Human and Fiancial.

[33] Resource Constraints for Utility Regulation, ERM and Tremolet Consulting Report. World Bank, Washington, D. C. .

[34] Ugaz, C. and Waddams – Price, C. (eds.) (2003) *Utility Privatization and Regulation: A Fair Deal for Consumers*. Cheltenham: Edward Elgar.

[35] Ugaz, C. (2003) "Consumer Participation and Pro – poor Regulation in Latin America". In Ugaz, C. & C. Waddams Price, *Utility Privatization and Regulation: A Fair Deal for Consumers?* Cheltenham: Edward Elgar.

[36] 陈剑、夏大慰:《规制促减贫:以公用事业改革为视角》,《中国工业经济》2010年第2期。

[37] 戚聿东、柳学信:《深化垄断行业改革的模式与路径:整体渐进改革观》,《中国工业经济》2008年第6期。

[38] 王俊豪:《深化中国垄断行业改革研究》,中国社会科学出版社2008年版。

[39] 张昕竹:《论垄断行业改革的理论基础》,《改革》2011年第3期。

[40] 张昕竹:《市场经济发展中的政府监管体制改革》,《改革》2010年第9期。

[41] 张昕竹、马源、冯永晟:《电信广电应分业规制还是统一规制——基于跨国数据的实证研究》,《当代财经》2011年第8期。

中国规制治理的制度性缺陷及其改革模式

宋 敏 杨 慧

摘 要 规制改革是当今世界各国最为重要的政府改革议题之一，成功的规制改革必须基于良好的治理原则与制度设计。中国的规制改革实践距离良好规制尚有一定距离，甚至出现规制改革偏离治理原则的典型悖论。为实现政府规制的良好治理，中国的规制改革应依据良好治理的基本原则，构建多元主体共同参与的政府规制多中心治理模式框架，为规制改革的有效性提供最终的制度保障。

关键词 规制改革 规制治理 偏离与悖论 多中心治理

一 导论

政府规制作为现代市场经济不可或缺的制度安排，是市场经济体制下，以矫正和改善市场机制内在的问题为目的，政府干预和干涉经济主体（特别是企业）活动的行为。政府规制"包容了市场经济条件下政府几乎所有的旨在克服广义市场失败现象的法律制度以及以法律为基础的对微观经济活动进行某种干预、限制或约束的行为"，换言之，政府规制本身就是一个改革的过程。从全球范围看，在过去的30多年里，规制改革已经成为一种新的思潮，其作用从经济领域扩展到社会民生、政府政策甚至是意识形态领域。在西方发达国家，规制改革与政府的行政改革交织在一起，形成互动的发展。其间，秉承效率原则的经济性规制经历了"强化规制—放松规制—再规制与放松规制并存"的变迁过程，而秉承公平、正义和安全原则的社会性规制则呈现持续加强的态势。但无论是发达国家还是发展中国家，其规制改革都存在一定的局限，对于发达国家而言，更多的是观念层面的内容，而对于发展中国家而言，是事实存在的特殊制度禀赋及其约束。对规制治理的研究实践还表明，在多数发展中国

［作者简介］山东财经大学公共管理学院，济南，250014。

［基金项目］国家社会科学基金资助项目（11CJL063）、教育部新世纪优秀人才支持计划资助项目（NCET－08－0881）和山东省软科学研究计划重点项目（2012RZB01016）。

家或转轨制国家中，规制通常缺乏透明性和可预见性，并且几乎始终不能阻止政府对规制程序和规制决策的介入，存在着政府与被规制企业联合应对规制代理机构的现象（Stern and Cubbin，2005）。Kirkpatrick 和 Parker（2004）认为，发展中国家制度禀赋（如法律制度不健全、政治民主制度不完善等）对规制治理有负面影响，Jacobs（2005）研究发现，发展中国家由于缺乏训练有素的规制人员，以及规制人员无法使用先进的规制工具，使得其规制缺乏效率和效力，即规制实践存在与良好规制治理原则的偏离。

20 世纪 90 年代以来，受到治理理论的影响，国外学者提出规制治理作为针对规制改革弊端的处方。Levy 和 Spiller（1994）提出了规制治理的概念，强调规制治理安排和规制内容的区别，把规制作为一个涉及规制治理和规制激励两个方面的制度设计问题进行研究。其中，规制治理提供了一种限制规制者的行动范围，以及解决这些限制所带来的矛盾和冲突的机制。但他们并没有对规制治理机制给出实质性的建议，只是强调规制治理结构应与一国的制度禀赋相适应。Warrick（1997）、Stern（1999）等学者对规制治理的研究都一致强调规制功能的清晰界定、规制自治、负责和透明。英国改进规制特别小组（UK BRTF，2000）在其发表的"良好规制的原则"中提出了规制治理应遵循的基本原则是：透明、负责、比例、一致性和目标。

二　中国规制改革偏离治理原则的主要表现

受全球规制革命的影响，自 20 世纪 90 年代中期开始，规制型政府的建设大潮在中国拉开了序幕，规制改革成为当代中国经济体制和政府管理改革的重要内容。与西方发达国家不同，中国的规制实践形成和发展于计划经济向市场经济的转轨过程中，即是在与西方国家完全不同的制度禀赋和社会发展阶段上建立。由于制度背景、市场经济发育程度以及文化传统的不同，中国的规制改革进程不同于西方国家的规制演变之路，是从计划经济条件下的强经济规制及其相应的行政性垄断向放松规制与新兴市场发育所需要的再规制转换，从缺乏法律基础的弱社会性规制向建立在完善法律基础上的强社会性规制转换。与此相适应，中国的规制改革也表现出其独特性，具体表现为规制总量过剩与不足同时并存、规制结构非对称性特征明显、规制行为与宏观调控高度相关等特征。尽管规制制度根植于一国的政治、经济、法律与文化传统，与一国既有的制度相衔接，与当下的市场化程度相适应，但良好规制无疑是中国规制改革的标杆。对照良好规制治理的一般原则，可以看出，中国的规制改革实践距离良好规制尚有一定距离，主要表现为以下几个方面：

（一）可问责性问题严重

对中国的规制机构尤其是垄断性产业的规制机构来说，由于普遍存在缺乏独立性和法律授权、规制机构的目标多重性、规制机构的权力与职能交叉重叠等问题，导致了实际上对规制机构难以实现可问责性，也为政府部门、规制机构之间乐于争夺规制权力、不承担相关责任提供了一个基本解释。可问责性缺失主要表现为：一是许多拥有规制权力的部门如发改委本来就没有相关的法律来约束其行为，可谓问责无凭；二是一些规制机构存在职能划分不清的现实问题，如电监会和食品药品监督管理局因其部分权力并非法律授予，而是与其他相关部门联合执法，这就为遭遇问责时推诿责任留下了余地；三是一些规制机构如证监会其设置即使依靠较为完善的法律，但由于《行政诉讼法》的受案范围不涉及抽象性行政行为，因此由抽象性行政行为引发的具体行政行为的被诉，同样得以逃避司法的审查；四是即便司法审查可以介入，但由于司法机构的不够独立，对规制机构的问责也大打折扣。此外，公民行政诉讼的成本过高，以致因可能获得的行政赔偿过低不足以弥补成本而最终放弃问责也是可问责性缺失的重要原因之一。规制机构的有限可问责必然导致制定与实施规制政策缺乏透明性与参与性，并进一步恶化腐败问题，进而大大提高实行"防范合谋"规制契约的难度。

（二）规制过程不透明

政府规制的有效性和规制的过程密切相关。规制过程的第一个阶段就是规制立法，立法机构颁布一项法令，建立对某一特定产业或特定领域的规制权力。由于立法机构不可能制定实现规制目标所需的所有详细规则，它只能将一部分规章的制定权授予规制机构，规制机构以行政法规的形式创造法律和标准。因此，公开、透明是规制立法的基本原则之一，这一原则要求规制法律、法规的制定、执行、修订都应在公开、透明、互动的方式下进行，如果没有充分的讨论和协商，规制的效果会大打折扣。然而，中国的规制立法大多是由国务院各专门委员会将法律草案的起草权委托给国务院各有关主管部门，相关行政主管机构组织本行业官员、再加上一些外请专家组成专门小组，在不公开的状态下起草法律文件。起草结束后，将草案上报国务院，再由全国人大审议通过。在这一过程中，除了与政府关系密切的大垄断企业外，一般的企业和消费者不仅被剥夺了参与立法的权利，还常常被剥夺了知情权，处于严重的信息不对称状态，其意志和利益得不到充分的表达。另外，就行政执法而言，为了实现规制的公正性，规制机构在实施行政行为的时候必须遵循公开、公正、公平的正当法律程序，完善的程序是一切制度良性运行的必备要素。然而，由于程序立法的缺失，中国的规制改革一直缺乏科学的程序法律保障，导致规制机构的执法具有较大的随意性和不透明性，滥用规制权的现象较为突出。同时还造成公众的质疑，影响了政府规制的社会认可。

（三）规制法定性不足

现代政府规制的一个重要理念是依法规制，即政府的规制权限和程序必须由法律明确规定，将政府规制的权限置于法治框架之下，给微观经济主体以稳定的预期。以西方国家为例，政府规制根植于深厚的法治土壤，法律在整个社会中具有最高权威地位。规制机构必须具有法律授权，规制行为须以宪法、法律等具有法律效力的规范为依据，并被限制在法律许可的范围内。中国政府规制缺乏依法规制的现代规制理念，行业管理部门习惯于行政手段管理，没有树立起按公平的规则、透明的程序依法规制的现代规制理念，政府规制法定性不足主要表现为：一是政府作为规制主体的地位没有得到法律的认可，规制机构缺乏明确的法律地位；二是中国的规制性法律自身存在着严重的不足，目前还无法为政府规制提供更大的制度支持。由于正式法律制度的缺失，而行政制度具有较大的灵活性，这为利益相关方的"讨价还价"制度留下了极大的空间，使得中国规制治理带有频繁博弈特征，这种频繁博弈一方面使规制政策呈现不连续性和不确定性；另一方面，它形成了一种惯性，凡事习惯于"讨价还价"，从而拖延规制立法的过程。法律体系本身的不完善使中国的法律难以形成如国外的对规制行为的约束与监督，更加难以谈到法律对规制方式的规范。

（四）政府承诺缺失，规制政策缺乏一致性

所谓政府承诺，是指规制机构对于规制政策承诺的可信性。一套可信的政策安排可以形成对规制者的激励机制，使其保证改革不会倒退，并且保持改革的透明度，让外界形成稳定的预期。目前，中国政府的承诺能力还是比较有限的，主要体现在三方面：一是从规制目标的确立和执行来看，由于规制目标的确定缺乏特定的法律过程，导致投资者对规制目标的确定性和连续性产生疑虑；而就行政体系的运作过程而言，由于法治理念淡薄，规制机构随意性较大，并未完全严格依据法律程序行使规制权力。如果政府力量过于强大，政府不履行承诺的成本就很低，其不履行承诺的动机越强。二是公共权力腐败。在中国现有的制度框架下，政府一人分饰两角，既是合约方又是实际的规制者，并且由于缺乏针对性法律，政府部门拥有巨大的相机行事空间，容易造成政府权力的滥用。在这种情况下，规制部门容易修改规制合同，侵占企业利润，而企业也往往缺乏改善经营绩效的积极性，从而产生严重的"棘轮效应"。三是政策的连续性和稳定性差，使得规制机构的承诺无法在现实经济中得到及时、准确的实现，这不仅减损既得利益者现有的合法利益，也会对政策目标群体的心理产生不良影响。规制政策的不确定性降低了规制的可信度，也在一定程度上影响了规制机构的声誉。

三 中国规制改革偏离治理原则的典型悖论

中国的规制改革不同于西方国家的规制改革之路，中国政府规制的逻辑起点是高度集中的计划经济体制，规制改革是在放弃计划经济体制和部分放开政

府所有权的条件下出现的。这一自上而下的改革在许多方面较多地流于形式，因而导致某些实质性的规制职能缺失，规制改革实践偏离良好治理的基本原则，出现规制改革的典型悖论。

（一）悖论表现之一：独立规制机构的形式与实质背离

规制机构的独立性是政府规制的重要特征，是规制公正目标实现的前提。就中国规制机构的改革而言，政府行政职能的放开与规制独立机构的设立几乎同步进行，然而一些独立规制机构的设立仅仅流于形式，严重削弱了规制机构服务于社会公共利益的基本职能。目前，中国最重要的规制机构，如证监会、保监会、银监会和电监会等，在体制上既未能真正独立于政府，又未能真正独立于被规制对象。因此，以上规制机构获得了独立规制机构所应有的职权却未实现其应有的独立性要求，从而使其职能行使不当或不到位，这形成了规制改革浮于表面，而实质缺位的悖论表现。

（二）悖论表现之二：以规制的方式放松规制

由于中国的规制改革是自上而下展开的，这就导致推动规制改革的手段本身即带有一定的强制性，即政府以规制的手段来放松规制。一方面，中央政府凭借传统体制下的直接控制财产权和任免领导等手段控制下一政府层级的改革，结果使得自由约束、自我组织的新型规制机制难以建立，主要规制机构依据惯例不去充当"市场裁判者"，相反沿袭传统行政机构的命令控制型做法。另一方面，各级政府进行放松规制的制度创新集中于行政垄断权的取消与削弱，但是许多情况下政府并没有无偿放弃这些权利，而是把这种规制的放松与政府的投资行为结合在一起。由于不确定性、过程规制不足、自我规制缺乏、私利驱使，地方政府刻意扩大政府投资、扶持官办企业，政府权力介入市场交易、经济扭曲的现象时有发生，致使多数时候政府在改革收益再分配中获取了最大一杯羹。其典型表现是，地方政府将放松规制权利，如定价权、税收减免权、贷款审批权、土地使用权等作为一种投资，从而分享资产所有权，将规制权力予以资本化。

（三）悖论表现之三：有效竞争改革取向与行政垄断强化的背离

目前，中国的自然垄断产业虽然已进行了 30 多年的市场化改革，但是与之相背离的现实却是产权结构单一表现突出，资源垄断加剧与行业壁垒凸显。国有垄断企业及其主管部门在国有资产"保值增值"和国有企业"做大做强"的口号下，进一步维护并强化垄断地位。国有垄断企业凭借其拥有的庞大资产，不断向各经济领域进行收购并购，影响着中国经济的"生态"。大多数的所谓自然垄断产业都是以国家所有占主导地位，并且在各个行业，对民营资本进入的限制使得独立的民营企业难以出现。同时，即便采用了股份制的形式，对股权分散的控制导致所有的股份公司都是以国有股一股独大为主要特征，因此，股权的单一性与缺乏流动性是这些股份制企业的普遍特征。2006—2009年间，在钢铁、煤炭、航空、金融等资源性领域中，出现了明显的对民营资本的"挤出效应"。通过结构性的增长模式，国有企业大多聚集在少数上游产业，并逐渐形成了寡头垄断的地位。这种垄断的形成、市场份额的扩大，不是通过市场竞争和创新所达成的，而是借助于微观化宏观调控以及重点产业进入规制的力量，因此其经营效率并没有相应地提高。

四 中国规制治理模式的再构建及其实现路径

治理会出现失败，所以才有"善治"目标的提出，同样，规制改革实践与良好规制治理原则存在偏离，甚至是悖论，也需要矫正。在西方治理理论家的著作中我们甚至可以得到这样的结论：规制的实施必然会产生与预期效果的偏离，这就需要后续的治理手段，这时候透明性、法治性、独立性等的框架已经束缚了思维——这都不是治理手段或是治理工具的问题，而是规制治理主体及其构成即规制治理模式的问题。基于这一认识，无论是普遍意义上的治理失灵还是实践领域的规制失灵现象最终都会指向治理主体是否应该采用多中心治理理论，从而避免单一主体或是趋向于单一构成的治理体系所出现的必然结果。

"多中心治理"（奥斯特罗姆，1992）理论将公共秩序领域的"多中心"问题引入公共治理领域，试图在保持公共事务处理有效性的前提下，通过公共产品提供者的多种选择来打破传统的垄断局面。在市场、司法、宪政、政治选择、公共服务等领域中共存着多中心结构，在这一结构中则存在着许多形式上相互独立的决策中心，它们在竞争关系中相互重视对方的存在并开展多种契约性和合作性的事物，或者利用核心机制来解决冲突。与传统的政府单中心治理不同，多中心治理更加强调参与者的互动过程和能动地创立治理规则。在多中心治理中，作为一个制度性子系统的政府不再是最高权威，它变成了多中心治理系统中许多成员之一。虽然政府在其中起着重要的协调和裁判的作用，但是多中心治理又排除了任何中央集权的组织和控制的思想，它主张的是具有多种组织、多个层次和决策当局的模式，"政府与其他治理主体是平等的关系，需要通过对话、建立伙伴关系和配置其他主体的资源来实现单一中心的政府无法实现的公共目标"。所以，政府必须转变自身的角色，打破自身的垄断地位，管理方式由直接管理变为间接管理。

多中心治理是一个分担公共责任的治理机制，因其对现代社会公共事务多样、复杂、动态等特征的准确把握，对社会多元主体参与和协调互动的深刻理解，为我们提供了一个规制改革的分析框架，这也是矫正中国规制改革偏离治理原则的必然路径。根据当前中国规制改革的内在缺陷与现实冲突，借鉴多中

心治理理论以及良好规制治理原则，中国规制改革的重要方向应是：构建包括
立法机构、司法机构、规制机构（政府）、被规制者、公众（消费者）等多元
主体共同参与的多中心治理框架。其核心目标则是围绕多主体及其间的委托—
代理关系，建立稳定的博弈框架，协调各主体间的利益，有效约束政府和规制
机构，建立良好的公共治理环境（见图1）。

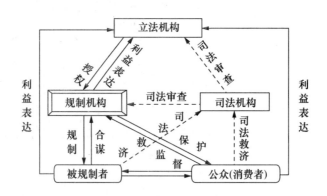

图1 政府规制的多中心治理模式

规制治理模式的再构建是规制改革的核心内容，不同的规制治理模式即规
制权力安排会产生不同的规制过程。中国的特殊制度禀赋决定了中国规制治理
模式的基本特征及其自身的缺陷，而中国规制治理模式自身的缺陷已经与孕育
其成长的经济、政治、法律、社会以及文化传统等制度禀赋相互交织、相互牵
掣。任何单兵突进式的改进举措都无法取得根本和稳定的制度绩效，唯有从整
体上推进从经济、政治、法律到文化的全方位、深层次的改革，同时针对规制
自身的缺陷对症下药才能真正重构规制治理模式，实现政府规制弥补市场失
灵、维护公共利益的宗旨。政府规制的多中心治理是中国规制改革和发展的目
标与方向，其过程具有艰巨性和长期性，其实现路径包括以下几个方面：

（一）合理界定政府边界，规范政府职能

政府规制主要可归因于市场失灵，有关政府规制的必要性，植草益指出：
"在存在信息偏差的领域，主要为了防止资源配置低效和确保利用者的公平利
用，政府机关用法律权限，通过许可和认可等手段，对企业……服务的数量和
质量等有关行为加以规制"。一般情况下，如果市场能够达成以下目标，政府
规制将是没有必要的：市场能够确保社会经济的可持续增长；能够带来充分的
社会就业和高水平的社会保障承诺等；能够确保社会公正的实现；在保护环境
的同时能够给予各群体同等的发展机会。这就是市场的边界。然而，在现实经
济社会中，上述目标市场是几乎无法达成的，也即市场失灵是普遍存在的。因
此，政府规制于现实社会是必需的，它是市场经济成熟、发展和完善的制度保

证。但事实证明，政府规制的作用也是有限度的，在规制制定和执行的过程中，规制者在利益集团的影响下和追求自身利益最大化的目标下难免会造成规制的失灵。由此可见，市场机制和政府规制均难以单独发挥有效作用，二者均具有一定的边界，一旦超越边界，失灵现象就会发生。因此，合理界定二者之间的边界也就成为规制治理结构重构的关键。

（二）完善相关规制立法

"无授权则无权力"。现代法治社会，任何一项权力的行使都应该得到法律的授权。由于法律法规是规制机构授权建立、行使职能的基础，基于国家强制力和最高权威的法律为政府和规制机构政令行使提供了公信力的来源。因此，推动规制立法、充分发挥立法机构在多中心治理模式中的作用具有重要意义。"法治所要求的并不是消除广泛的自由裁量权，而是法律应当能够控制它的行使。"通过规制立法，以法律的形式将政府规制机构的目标、工作程序及其权力确定下来，并使规制机构在法律框架下依法行使规制职能。同时，规制改革本质上也是法治化的演进过程，是法律关系的调整和法律制度的创新过程。因此推进规制立法应作为规制改革的基础和先导，并在公正、合理、透明的执法程序的基础上实现依法规制。

（三）加强司法机构在规制过程中的地位和作用

"司法是社会正义的最后一道防线"。在规制领域，司法审查以事后监督的方式与立法机构事前审查的方式互为补充，共同对规制权力进行制约，是多中心治理模式中不可或缺的制衡力量来源。相对于规制机构、被规制企业以及消费者而言，司法机构天然独立于整个规制过程的利益链条，扮演一种外在的监督者身份，因而司法机构在规制过程中的监督、审查作用具有不可替代性。针对中国司法权控制相对弱势的现状，要形成政府规制的多中心治理，有必要建立和完善对规制权力的司法审查制度，通过司法审查加强司法机构对规制立法、规制执法行为的审查，为被规制企业和社会公众的合法权益提供合理的法律保障。

（四）改革政府规制机构

规制机构作为多中心规制治理体系中的重要主体，其优势集中表现于规制过程中可以通过国家权力对被规制者进行直接的行政干预或经济控制，利用其拥有的资源及强制力达到对被规制者规制和监督的目的。由于中国规制的现状是在绝大多数领域中政府部门同时行使规制机构的监督管理职能，其行政能力的充分发挥将直接关系到规制的效果。因此，我们一方面需要提高政府的治理能力，建立"善治"政府；另一方面，应更加强调转变政府规制职能、构建多中心治理模式对于监督和制衡规制权力的行使，乃至进一步深化规制改革、提高规制绩效将具有特别重要的意义。

（五）培养成熟的企业和消费者主体

政府规制是一个相关利益集团共同参与、多方主体相互博弈的过程。不仅规制主体的特征和行为影响规制的效率，规制对象的特征及行为同样也影响规制的效率。被规制企业和消费者虽然相对政府而言处于弱势地位，但作为整个博弈过程中的参与主体，却是实现有效博弈的重要力量。正是既相互独立又相互制约的规制机构、企业利益集团和消费者利益集团之间的博弈形成了规制中的博弈均衡，所以独立规制对象的存在与独立规制机构同样十分重要。在规制实践中，中国在被规制对象方面存在的问题体现为既缺乏真正独立的企业利益集团，又缺乏能与大企业集团抗衡的消费者组织，从而严重影响博弈均衡，降低了规制的效率。因此，针对这种状况，从被规制对象角度，要提高规制效率，形成多中心治理模式中多个主体的有效博弈，必须培养相对独立、强大、成熟的企业和消费者主体。

参考文献

［1］Frank，N.，1991，*Survey of Social Science – Economics Series*. Vol. 4. Salem Press，Inc.，pp. 1973 – 1974.

［2］Stern，J. and S.，Regulatory Governance：Criteria for Assessing the Performance of Regulatory System：An Application to Infrastructure Industries in the Developing Countries of Asia［J］. *Utilities Policy*，1999，Vol.（8），pp. 33 – 50.

［3］Colin Kirkpatrick and David Parker，"Infrastructure Regulation：Models for Developing Asia". *ADB Institute Research Paper Series* No. 60，November，2004.

［4］Stern，J. and Cubbin，J. S.，Regulatory Effectiveness：The Impact of Regulation and Regulatory Governance Arrangements on Electricity Industry Outcomes. *World Bank Policy Research Working Paper* 3536，the World Bank，Washington D. C.，2005.

［5］Levy，B. and Spiller，P. T.，The Institutional Foundations of Regulatory Commitment：A Comparative Analysis of Telecommunication Regulation［J］. *The Journal of Law*，*Economics & Organization*，1994，（10），pp. 201 – 246.

［6］Smith Warrick，Utility Regulators—The Independence Debate，*the World Bank Public Policy for the Private Sector Note*，1997，No. 127.

［7］*Better Regulation Task Force*，*Principles of Good Regulation*，London，Cabinet Office，2000.

［8］Beato，P. and Laffont，J. J.，"Competition in Public Utilities in Developing Countries". *Sustainable Development Department*，*Technical Papers Series*，2/02. IFM – 127，Inter – American Development Bank：Washington D. C.，2002.

［9］奥斯特罗姆：《制度分析与发展的反思——问题与决策》，王诚等译，商务印书馆1992 年版。

［10］张红凤、宋敏：《中国特殊制度禀赋约束下规制困境与规制治理结构的重构》，《教学与研究》2011 年第 9 期。

［11］植草益：《微观规制经济学》，朱绍文等译，中国发展出版社 1992 年版。

［12］威廉·韦德：《行政法》，徐炳等译，中国大百科全书出版社 1997 年版。

［13］唐要家：《法律缺失与管制体制改革困境》，《天津社会科学》2009 年第 5 期。

不信任和管制：模型和跨国经验证据

李晓敏

摘　要　从世界各国范围来看，一国的政府管制程度与该国的不信任水平总是表现出高度正相关的关系。本文通过一个理论模型解释了这种现象，发现低信任不仅对应着现实中较严格的管制，而且也对应着严格管制的高要求。这有助于解释为什么生活在坏政府中的人们反而想要更多的政府干预。该模型预测：即使管制是腐败和无效率的，生活在低信任水平中的人们仍然想要更多的管制。运用世界价值观察的调查数据，本文经验分析的结果很好地支持了模型的主要结论。最后，本文指出了研究不足和进一步研究的方向。

关键词　不信任　管制　社会资本　均衡　公民精神

一　引言

从世界各国范围来看，一国的政府管制程度与该国的不信任水平总是表现出高度正相关的关系。为什么高信任社会表现出较宽松的政府管制，低信任社会表现出较严厉的政府管制？本文试图解释并从经验上验证这种关系。

本文首先给出了一个简单的模型来解释这种相关性。在模型中，人们需要作出两项选择：第一个选择是成为具有公民精神的人还是不具有公民精神的人（即是否投资于社会资本）？第二个选择是成为企业家还是普通的生产工人？本文认同一种广泛流行的观点：具有公民精神或投资于社会资本是一种宽泛意义上的文化态度。当没有投资于社会资本的人们成为企业家时，他们会对社会成员造成负的外部性（如污染），而投资于社会资本的人们成为企业家时则不会。当预期的负外部性很大时，公众会通过投票或其他政治机制管制企业家活动进入市场。但是，管制本身必须由政府官员执行，如果政府官员不投资于社会资本，那么他们将是腐败的。结果，当企业家活动受到管制的限制时，人们投资于社会资本可能不划算。

[作者简介] 李晓敏：河南大学经济学院，开封，475004。

在这个模型中，当人们有望生活在一个充满公民精神的社会时，他们会预期到低水平的管制和腐败，并因此投资于社会资本。这一预期是合理的，而且社会资本投资的确会带来公民精神的提升、低水平的管制和高水平的企业家活动。相反，当人们预期生活在一个缺乏公民精神的社会时，他们会预期高水平的管制和腐败，并因此不会投资于社会资本。他们的这一预期也是合理的，因为不投资于社会资本必然导致公民精神的缺乏、高水平的管制和腐败以及低水平的企业家活动。这个模型中有两个均衡：一个好的均衡是大多数人们富有公民精神并且没有管制，一个坏的均衡是大多数人们不具有公民精神并且支持严厉的管制。

该模型不仅解释了不信任和管制之间的关系，而且也带给我们许多别的启发。该模型最直接的一个发现是，不信任不仅仅影响管制本身，而且还影响人们对管制的要求。使用世界价值观察的调查数据，我们研究发现，在跨国样本中，不信任激发了人们支持政府对经济进行控制的呼声。或许最有趣的发现是，即使在人们认识到政府是腐败和无效率的时候，不信任同样产生了管制的要求，因为人们倾向于国家控制不良企业家从事的肆无忌惮的活动。另外，我们的模型和分析可能解释了政治信念研究中的一个重大谜题：为什么生活在坏政府中的人们反而想要更多的政府干预？

本文结构安排如下：第二部分是文献综述，回顾以往关于信任（或社会资本）和管制关系的研究；第三部分是模型分析以及模型所给出的启示；第四部分是经验分析的数据来源和数据描述；第五部分对模型给出的启示在经验上进行检验；第六部分是本文的结论。

二 文献回顾

本文在一个相当宽泛的框架内来考察不信任和管制的关系，这建立在一系列相关的研究之上。第一，Djankov 等（2002）指出，如果企业进入市场的管制越严或者企业遇到纠纷时解决争端的程序越复杂，那么企业所在国家的腐败就越严重，公共产品或私有产品的质量就越差。第二，继 Banfield（1958）、Gambetta（1988）和 Coleman（1990）之后，Putnam（1993）深化了对社会资本的研究，他发现意大利不同地区间的信任或社会资本水平存在巨大差异，并通过这些差异来预测政府绩效。Knack 和 Keefer（1997）、La Porta 等（1997）最早在跨国样本中实证研究了社会资本和经济增长之间的关系，结果表明前者对后者有正向的显著影响。随后，Alesina 和 Glaeser（2004）、Bloom 等（2007）的研究也得出了类似结论。

最近，这一领域的研究沿三条思路展开。第一，Tabellini（2007）、Guiso、Sapienza 和 Zingales（2007a）给出新的证据表明，现代欧洲和意大利不同地区间信任的差异应该追溯于历史上的差异，这种观点与 Putnam 认为信任是一种高度持续性文化的体现是一致的。Tabellini（2008）、Guiso、Sapienza 和 Zin-gales（2007b）关注于家庭内部明显的文化（信念）转变，他们指出这种转变在部分上是由经济激励形成的，更难得的是，Guiso 等（2006）、Algan 和 Cahuc（2007）均使用美国第二代家庭人口数据对上述结论给予了经验上的支持。然而，这些研究并没有表明不信任和管制之间的联系。

第二，研究思路涉及管制和政府控制的政治诉求。Glaeser 和 Shleifer（2003）指出，20 世纪初美国越来越多的州加强管制的原因在于，人们对现有的社会秩序感到不公，并要求政府进行管制。Di Tella 和 McCulloch（2006）认为，发展中国家的选民之所以不喜欢资本主义，是因为资本主义国家中严重的腐败减少了人们选择资本主义的呼声。类似地，Landier 等（2007）检验了文化态度与资本主义的关系。Pinotti（2008）的实证研究发现，不信任增加了人们对管制的诉求，但他理论分析的重点是人们之间信念的差异，而没有考虑到不信任和管制的多重均衡问题。Djankov 等（2003b）指出，人们对政府控制的诉求是对无序状态的一种反应，本文认同这种观点，并且强调不信任是无序的根源。

第三，研究思路强调信念与政策之间的因果联系是双向的，即不仅信念会影响政策，而且政策也会影响人们的信念。Piketty（1995）研究了信念和行为的演化，Alesina 和 Angeletos（2005a）描述了欧洲不同国家的人们对再分配政策的观念变化，并且详细说明了再分配政策如何影响人们的观念以及观念变化如何影响现实的再分配政策。Alesina 和 Angeletos（2005b）研究了再分配政策如何导致腐败以及腐败如何反过来产生再分配的要求。Aghion、Algan 和 Cahuc（2008）指出，最低工资政策削弱了企业和工人彼此合作的态度和能力，这样一来，低合作反过来创造了最低工资政策的要求。与本文的观点类似，Carlin 等（2007）认为在金融市场，信任和管制是互为替代的。

三　模型

为了分析不信任和管制之间的内在联系，本文给出了一个简单的模型。模型分析的起点是关于家长对孩子教育问题的两个假设：家长既可能教育他们的孩子具有公民精神，如学会容忍、独立和尊重其他社会成员；家长也可能教育他们的孩子不要相信家庭成员以外的人，如学会出门在外要多为自己考虑，人本来就是自私的[①]。这两个关于人类行为的假设，被社会学家分别称之为普遍道德和有限道德。有限道德指人们仅仅把道德标准适用于狭窄的朋友圈和亲戚

---

① 尽管本文意识到正规的学校教育能对社会资本投资产生重要作用，但一般认为，培养公民精神的社会资本投资发生在家庭内部（Glaeser, Ponzetto and Shleifer, 2007）。是否具有公民精神的选择是个人行为，而不是集体行为，这一点对于本文的分析非常重要。

圈。Banfield（1958）把这些家庭价值观称之为与道德无关的（既非道德的，也非不道德的）家族主义。普遍道德是指人们把道德标准适用于与所有人的交往之中，在大量其他陌生人的道德行为的影响下，普遍道德能够引导个人的行为富有公民精神。

接下来的分析还建立在以下三个假设之上：

假设1：个人选择是否应该具有公民精神。

任何一种家庭教育都是免费的，无论家庭给予个人的教育是否鼓励孩子富有公民精神，个人都既可能成为一个普通的生产者（可能为国有企业的一名员工），也可能成为一个企业家。普通生产者的生产率被标准化为0，普通生产者不会对社会产生负的外部性。如果个人成为一名企业家，那么他能够为社会生产大量的商品或劳务，记为 y 个效用单位，y 不等地分布在0—1之间，y 的大小根据企业家私人信息的不同而不同，并且不受公民精神的影响。需要区别的是，每个具有公民精神的企业家对社会成员不产生负的外部性，而每个不具有公民精神的企业家对社会成员产生一个负的外部性，负外部性的预期成本记为 e，且 $e > 1/2$。本文认为，负外部性可能是企业的环境污染、低质量产品的生产甚至是商业欺诈等对社会大众产生的不利影响。本文假定人群中具有公民精神的人口比例为 α（$0 < \alpha < 1$）。

假设2：人们通过投票管制企业进入或离开市场，并且这种投票是不受限制的。

本文假设社会不会也不能禁止所有的企业家活动，但在市场经济中必须依靠官员实施对企业进入的监管。官员能够禁止或允许企业进入，但是他们观察不到企业家个人给社会带来的效用 y 的大小以及企业家个人是否富有公民精神。这样一来，如果官员忠实地执行管制，那么他必须比较企业家的预期产出（1/2）和预期的负外部性成本 e（超过了1/2），比较之后他就会禁止企业家活动进入市场。

假设3：如果获得官员允许，企业家会选择进入市场并进行生产。

假设人们在白天工作，在夜晚担任官员的工作。换句话说，官员是从人群中随机选出来的，那么个人不能选择成为企业家还是成为官员[①]。如果某官员是富有公民精神的，那么他会忠实地执行上述的管制规则，即禁止企业进入市场。如果某官员不具有公民精神，那么他会利用手中权力要求企业家行贿，然后授权所有行贿的企业家进入。本文以 b 表示没有公民精神的官员索要的贿赂。由于公民精神是一种私人信息，官员不可能依据企业家是否具有公民精神而决定是否允许企业家进入。如果一个未来的企业家被禁止进入（可能是被一个富有公民精神的官员，也可能是被一个没有公民精神但没有得到该企业家贿赂的

---

① 本文可以假设政府官员与其他个体在公民精神水平上有所差异，但是近来的证据表明政府官员的行为与社会大众平均的公民精神并没有明显的差异（Fisman and Miguel, 2008）。

官员），那么该企业家会转而从事普通生产工人的工作，这时他的生产率为0。当然，如果该企业家没有公民精神，那么他会选择去贿赂官员。

在上述假设下，模型的均衡取决于 α（人群中富有公民精神的个体比例），从而相应决定了管制或不管制企业进入的社会选择以及企业家活动的水平和社会产出。根据从企业家活动和政府管理中获得的期望收益，个人选择是否具有公民精神的决定是理性的，人群中选择具有公民精神的比例等于均衡时的 α。

在进一步分析这个模型之前，本文先给予一些基本的评论。可以设置一个没有政府官员和腐败的更加简单的模型，在这里，管制采取禁止所有生产的简单形式。在这个模型中，仍将会出现多个帕累托均衡：一个好的均衡是个人选择富有公民精神和比较宽松的管制，一个坏的均衡是个人选择不具有公民精神和比较严厉的管制。这样的模型表明不信任和管制之间存在正向联系。然而，这个模型留下的难题之一是：不信任政府的个体为何想要更多的政府管制？通过把政府官员引入模型，本文可以关注这个问题，并尝试给出解答。需要指出的是，把腐败的政府官员引入模型有许多种方法，最本质的想法是腐败官员能够减少负的外部性和人们选择具有公民精神的激励。

进一步的分析采用逆向归纳的方法。根据第二阶段和第三阶段的假设，如果企业进入市场不受管制或得到授权，那么所有的个体均会成为企业家。如果在第二阶段社会决定对企业进入进行管制，那么每个不具有公民精神的官员会制定一个最大化其租金收入的受贿总额，等于贿赂金额 b 乘以同意支付贿赂的个体比例。

$$b(1 - \alpha)(1 - b)$$

$(1 - \alpha)$ 反映出只有不具有公民精神的人们才同意支付贿赂；$(1 - b)$ 反映出，在这些人们当中，只有企业家活动的生产率高于贿赂的人们才会真正支付。在这些假设下，不具有公民精神的官员选择的最优受贿总额等于 $1/2$。

现在，可以把管制的社会决定看做是 α 的一个函数。在没有管制的情况下，预期的企业家活动净产出为：

$$A = 1/2 - (1 - \alpha)e$$

A 为没有管制时预期的企业家活动净产出，$1/2$ 为企业家活动的预期产出，$-(1 - \alpha)e$ 为总的负外部性。如果社会选择管制，那么预期的企业家活动净产出为：

$$R = (1 - \alpha)^2 \int_{1/2}^{2} (y - e)\,\mathrm{d}y = \frac{(1 - \alpha)^2}{2}\left(\frac{3}{4} - e\right)$$

前面提到，具有公民精神的官员会禁止所有企业进入市场；具有公民精神的企业家遇到不具有公民精神的官员时，企业家会拒绝支付贿赂，这时企业进入市场也不会发生。只有当不具有公民精神的企业家遇到不具有公民精神的官员并且前者向后者支付贿赂时，企业进入才会发生，$(1 - \alpha)^2$ 反映这一事实。而且，在不具有公民精神的企业家里，只有生产率较高（$y > 1/2$）的一些企业家才能够支付得起贿赂并被允许进入市场，并且对社会其他成员产生负的外部性，$\int_{1/2}^{2}(y-e)\mathrm{d}y$ 反映了这一事实。R 为存在管制时预期的企业家活动净产出。

由于本文假设普通工人的生产率为 0，所以企业家活动净产出就代表了社会福利状况。如图 1 所示，横轴和纵轴分别代表人群中富有公民精神的个体比例 α 和社会福利 F。根据 A 和 R 等式，画出了 A 和 R 曲线。图 1 中存在唯一的门阀值 α^{*}，只有当 $\alpha > \alpha^{*}$ 时，$A > R$，即无管制的社会福利大于有管制的社会福利。

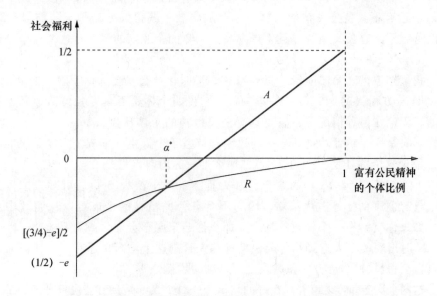

图 1 当 $\alpha > \alpha^{*}$ 时，管制的社会福利低于不管制的社会福利

现在来考虑第一阶段的公民教育。一个具有公民精神的生产率为 y 的个人收益为：

$$\begin{cases} y - (1-\alpha)e & \text{如果没有管制} \\ - (1-\alpha)^{2}e/2 & \text{如果有管制} \end{cases} \tag{1}$$

式中，y 为企业家活动产出，$(1-\alpha)e$ 为由于没有管制 $(1-\alpha)$ 比例的不具有公民精神的企业家所产生的负外部成本。在有管制时，具有公民精神的企业家不会进入市场，但是份额为 $(1-\alpha)^{2}/2$[①] 的不具有公民精神的企业家会支付贿赂、进入市场并施加一个负外部性成本（$-e$）。

由于假设 3 中假定人们在白天工作，在夜晚随机被选出担任官员工作，那么一个不具有公民精神的生产率为 y 的个人收益为：

———————————

① $(1-\alpha)^{2}\mathrm{P}(y>1/2) = (1-\alpha)^{2}/2$。

$$\begin{cases} y - (1-\alpha)e \text{；如果没有管制} \\ (1-\alpha)(y-1/2) + (1-\alpha)/2 \cdot 1/2 - (1-\alpha)^2 \cdot e/2 \\ \quad \text{如果 } y > 1/2, \text{并且有管制} \\ (1-\alpha)/2 \cdot 1/2 - (1-\alpha)^2 e/2 \text{；如果 } y \leqslant 1/2, \text{并且有管制} \end{cases} \quad (2)$$

如果没有管制，每个不富有公民精神的企业家都可进入市场。在有管制时，不具有公民精神的企业家不得不支付 $1/2$ 的贿赂才能进入市场。只有那些生产率高于 $1/2$ 并且遇到的管制者不具有公民精神时，进入才能发生。对于一个不具有公民精神的个人来说，当他的生产率 $y > 1/2$ 时，企业家活动的预期收入等于 y 减去贿赂（$1/2$），再乘以被不具有公民精神的官员管制的概率（$1 - \alpha$）。所有不具备公民精神的官员也会从腐败中获得好处，等于贿赂（$1/2$）乘以管制不具有公民精神并且生产率高于 $1/2$ 的企业家的概率，这个概率等于 $(1 - \alpha)/2$。

我们知道，在第二阶段，只有当 $\alpha \leqslant \alpha^*$ 时，社会才会选择管制。如果 $\alpha > \alpha^*$，比较方程（1）和（2）的第一行，它说明个体是否具有公民精神是无差异的。无论在何种情况下，只要具有公民精神的个体比例 $\alpha > \alpha^*$，那么 α 和无管制将是一个纳什均衡。如果公民精神有益于个人生产率或个人满足感的提高（无论这个益处是多么的微小），那么唯一的均衡点将是 $\alpha = 1$。相反，当 $\alpha \leqslant \alpha^*$ 时，比较方程（1）的第 2 行和方程（2）的第 2、3 行后可知，个体选择不具有公民精神是占优策略，因为不具有公民精神的个体可以从腐败中获利。如果你生活在一个腐败的社会，那么你会宁愿学会支付或索要贿赂。除了 $\alpha > \alpha^*$ 时出现的个人选择具有公民精神和无管制这个均衡，还有一个任何人都不具有公民精神（$\alpha = 0$）和进入受到管制的均衡。

这两个均衡都容易解释。在好的均衡中，每个人都是具有公民精神的，都不期望别人给自己造成一个负外部性，并且社会没有理由管制企业家进入。公民精神和信任消除了管制的需要。在 $\alpha = 1$ 时，产出是经济体可能的最大产出水平。

在坏的均衡中，每个人都不具有公民精神，并且都有动机成为不具有公民精神的个体，因为索要贿赂阻止了企业家活动①。均衡时的企业家是最具有生产率的，同时也是最腐败的个体。在这个均衡中，即便管制者是腐败的，但他们对社会仍然是有用的，因为随着社会上公民精神的减少，他们阻止了那些生产率相对较低的企业家进入市场，而这些企业家进入市场造成的负外部性超过了正的收益。如果没有管制，那么所有不具有公民精神的企业家都能够进入市场，社会将变得更糟。

从这个模型中可得出一个重要的启示：虽然管制者是腐败的，但社会却想要更多的管制。回到图 1，人们想要产出更加接近 0 处的水平线，在这里每人

---

① 即使我们假设富有公民精神的个体愿意支付贿赂，仍然有一个 $\alpha = 0$ 的坏均衡，因为管制为不具有公民精神的个体创造更多的机会去接受贿赂。

从事普通的生产。当不具有公民精神的生产者进入时，生产者获得正的收益，却对其他人施加了负的外部性。对于公众来说，最好对企业家施加更多的限制，这意味着更多的政府管制需求。当人们不信任他人时，他们更倾向于政府官员去控制和管制，即使他知道这些官员本身不值得信任。

这个简单模型还有三点有趣的启示：第一，不同国家处于不同的均衡点，这解释了文章开始时提出的问题——为什么高信任社会表现出较宽松的政府管制，低信任社会表现出较严厉的政府管制。第二，这个模型表明，不信任引发人们对管制的要求。在低信任社会，人们正确的做法是不信任商家，因为商家是不诚实的。为了控制商家，人们支持政府管制，虽然人们完全认识到这种管制会导致腐败。政府是坏的，但是商家更坏。而且，在低信任社会的个体想要比现在更多的政府管制，因为更多的管制可以去除更多生产者所施加的负外部性。这样一来，该模型预测，即使管制是腐败和无效率的，生活在低信任水平中的人们仍然想要更多的管制。

在接下来的部分，我们将运用跨国的数据来检验上述模型的启示，具体有两点：第一，低信任是否对应着现实中较严格的管制；第二，低信任是否对应着严格管制的高要求。

四　数据来源及描述

（一）不信任

本文的数据来自世界价值观察（World Values Survey，简称 WVS）第 1—5 次对各国人们的抽样调查。世界价值观察数据库包括了对世界各国价值观念调查的五轮统计情况，五个调查周期分别是 1981—1984 年、1989—1993 年、1994—1999 年、1999—2004 年以及 2005—2009 年。许多学者使用调查中用对于"一般来讲，你认为大部分人是值得信任还是在相处时要小心为妙"（a165）的提问来衡量人们对他人信任或不信任的程度。世界价值观察对这一问题回答的统计分为"小心为妙"、"大多数人值得信任"、"不知道"、"没有回答"、"缺失"五种。本文以回答"小心为妙"的人们占当年该国被调查者的百分比来衡量不信任程度，该比例越大，说明人们对他人的不信任程度越高。在计量回归时，本文以世界价值观察五次调查的平均值来衡量该国总体的不信任水平。

不信任水平不仅可以用人们对他人的尊敬和信任程度来衡量，而且还可以体现在人们对司法体系、大公司和公务员的信任程度上。针对人们对"司法体系"、"大公司"和"公务员"的不信任，世界价值观察还分别设置了相应的问题。"你对司法体系有信心吗（e69_17）"，回答被赋值在 1—4 之间，1 表示"非常有信心"，2 表示"相当有信心"，3 表示"有点信心"，4 表示

"完全没有信心"，数值越大表示不信任程度越高。类似地，对"你对大公司有信心吗（e69_ 13）"和"你对公务员有信心吗（e69_ 08）"两个问题回答的赋值也在1—4之间，数值越大表示不信任程度越高。针对这三个问题，本文以回答"完全没有信心"的人们占被调查者的百分比来分别衡量不信任司法、公司和公务员的程度。在计量回归时，本文以世界价值观察五次调查的平均值来衡量该国人们不信任司法、不信任公司和不信任公务员的程度。

本文使用"公民精神的欠缺"来作为不信任的代理指标，世界价值观察中"你认为骗取政府福利是不正当的吗（f114）"这个问题可以衡量公民精神的大小，回答被赋值在1—10之间，1表示"从来都是不正当的"，10表示"总是正当的"，数值越大，表示公民精神越欠缺。我们以回答"总是正当的"受访人占总受访人的百分比来衡量公民精神的欠缺程度。在计量回归时，本文以世界价值观察五次调查的平均值来衡量该国公民精神的大小。

（二）管制和管制的需求

本文以政府管制企业进入市场的严格程度来衡量各国政府的管制情况，Djankov等（2002）开创性地计算和衡量了85个国家的企业家合法地开办企业所需要完成的步骤数，并以此来衡量不同国家对企业进入管制程度的大小，这也成为后来许多学者衡量企业进入管制的常用指标。该指标数据几乎涵盖了1999年世界价值观察数据库中的所有国家。

我们同样关心各国对劳动市场和司法的管制情况，Botero等（2004）构建了一个刻画就业管制严格性的指标，该指标涵盖了雇佣的难度、工作时间的刚性和解雇的难度三个方面，该指数越大表示该国政府对劳动市场的管制越严格，它涵盖了1999年85个国家的截面数据。Djankov等（2003a）通过与109个国家的律师事务所合作，以民事诉讼中的租金纠纷为例，计算和描述了因承租人不支付租金而被房主和法庭驱逐并收回租金所需要的精确程序数，以此来衡量各国争端解决中程序上的形式主义程度。形式主义指标一定程度上刻画了在民事审判司法案件中法定的干预程度，具体包括以下七个方面：（1）法官和律师是专业人士还是外行，（2）陈述形式是书面材料还是口述，（3）民事诉讼是否具有法律上的正当理由，（4）法定的证据管制状况，（5）上级审查的控制状况，（6）法定程序的手续数，（7）审判过程中程序的独立性。以上指标的取值在0—7之间，7表示司法过程中严格的控制或干预，数值越大表示司法过程中的管制程度越高。

（三）控制变量

各国人均GDP采用自然对数的形式，以1999年美元价格计算，数据来源于世界银行的《世界发展指标》。各国1999年人口数采用自然对数的形式，数据来源于联合国人口数据库。

五　经验分析

（一）不信任对管制的影响

首先，我们运用普通最小二乘法估算了不信任对管制的影响，其结果见表1。总的来说，在控制了人均 GDP、平均受教育时间和人口因素后，不信任对管制有正向的显著影响，这一影响方向无论从对企业进入市场的管制、对劳动市场的管制还是对司法过程的管制都是一致的：即不信任度越高，管制越严格。这个结果与我们模型所预示的结论是一致的。对第（1）列而言，不信任水平每增加一个百分点，国家对企业家合法地开办企业所需要完成的步骤数增加0.06个；对第（2）和（3）列而言，不信任水平每增加一个百分点，国家对劳动市场和司法过程管制的严格程度分别增加0.03分和0.02分。我们还发现，控制变量对管制并没有一致的显著影响，只有人口对管制有正向的一致影响，但只在回归（1）中显著。人均 GDP 和平均受教育时间对管制的影响方向不确定。

表1　　　　　　　　　　　　不信任对管制的影响：宏观估计

被解释变量	对企业进入的管制 （1）	对劳动市场的管制 （2）	对司法过程的管制 （3）
不信任	0.06(1.69)*	0.03(1.69)*	0.02(2.46)**
教育	0.01(0.21)	0.01(0.10)	-0.01(-0.83)
人均 GDP 的对数值	-0.83(-2.30)**	-0.05(-1.26)	0.07(0.80)
人口的对数值	0.71(2.09)**	0.20(0.54)	0.06(0.80)
常数项	5.05(0.80)	1.54(2.30)**	1.68(1.11)
R^2	0.27	0.17	0.13
N	60	60	56

注：括号内为 T 检验数字，***代表99%以上显著；**代表95%以上显著；*代表90%以上显著。

接下来分别用公民精神的欠缺、不信任司法、不信任公司和不信任公务员作为不信任的替代变量[①]，并估算相应的替代变量对企业进入市场管制的影响，其结果见表2。与表1的结果相似，从影响的方向来看，无论是公民精神的欠缺，还是不信任司法、不信任公司、不信任公务员，这四个变量都对企业

[①] 公民精神的欠缺和不信任可看做是同义替代，而不信任司法、不信任公司和不信任公务员变量只能反映总体不信任水平的某一个方面。

进入管制有正向的显著影响。从影响的大小来看，公民精神的欠缺对进入管制的影响最大（0.57），这与我们的预期也是一致的，因为公民精神的欠缺可近似看做是不信任的同义替代，而其他三个变量只能代表总体不信任的某一个方面。有意思的是，在这个回归中，除教育外，人均 GDP 和人口变量均对管制有一致的显著影响，不同的是，其影响方向一个为负一个为正。这表明，一般来讲，越富裕的国家管制程度越小，人口越多的国家越倾向于管制。

下面，进一步阐述表 2 中所包含的经济含义。从回归（4）来看，在控制了人均 GDP、平均受教育时间和人口因素后，不具有公民精神的人群比例每增加一个百分点，国家对企业家合法地开办企业所需要完成的步骤数增加 0.57 个；从回归（5）来看，在控制了人均 GDP、平均受教育时间和人口因素后，不信任司法的人群比例每增加一个百分点，国家对企业家合法地开办企业所需要完成的步骤数增加 0.19 个；从回归（6）来看，在控制了人均 GDP、平均受教育时间和人口因素后，不信任公司的人群比例每增加一个百分点，国家对企业家合法地开办企业所需要完成的步骤数增加 0.23 个；从回归（7）来看，在控制了人均 GDP、平均受教育时间和人口因素后，不信任公务员的人群比例每增加一个百分点，国家对企业家合法地开办企业所需要完成的步骤数增加 0.20 个。

表 2   不信任对管制的影响二：宏观估计

被解释变量	进入的管制 （4）	进入的管制 （5）	进入的管制 （6）	进入的管制 （7）
教育	0.02(0.42)	0.01(0.10)	0.03(0.78)	−0.01(−0.13)
人均 GDP 的对数值	−0.93(−2.47)**	−0.94(−2.22)**	−1.12(−3.35)***	−0.88(−2.76)***
人口的对数值	0.60(1.73)*	0.71(2.06)**	0.66(1.99)**	0.79(2.48)**
常数项	9.21(1.65)	8.26(1.49)	7.52(1.52)	7.18(1.55)
公民精神的欠缺	0.57(1.78)*			
不信任司法		0.19(3.11)***		
不信任公司			0.23(2.84)***	
不信任公务员				0.20(3.86)***
R^2	0.31	0.35	0.31	0.38
N	54	53	58	58

注：括号内为 T 检验数字，***代表 99% 以上显著；**代表 95% 以上显著；*代表 90% 以上显著。

（二）不信任对管制需求的影响

本次回归采用世界价值观察第五轮调查的微观数据，管制需求以对两个问题的回答来衡量。第一个问题是"你认为竞争有利还是有害？"回答 1 表示"竞争有利"，回答 10 表示"竞争有害"，数字越大表示受访人越倾向于认为竞争有害，因此也就越倾向于政府管制。第二个问题是"你认为公民自己还是政府应该为公民承担更多的责任？"回答 1 表示"公民自己应该承担更多的责任"，回答 10 表示"政府应该承担更多的责任"，数字越大表示越支持政府管制。不信任的数据仍然来自人们对以下四个问题的回答：第一个问题是"一般来讲，你认为大部分人是值得信任还是在相处时要小心为妙"，衡量受访者对他人的不信任程度；第二个问题"你对司法体系有信心吗？"，衡量受访者对司法体系的不信任程度；第三个问题"你对大公司有信心吗？"，衡量受访者对大公司的不信任程度；第四个问题"你对公务员有信心吗？"，衡量受访者对公务员的不信任程度。对这四个问题的回答得分在 1—4 之间，数字越小表示越信任，越字越大表示越不信任。

　　控制变量包括受访人年龄（15 岁以上人口）、收入（受访人的收入被分为 10 个层级，1 表示最低收入阶层，10 表示最高收入阶层，数字越大表示收入水平越高）、教育（受访人教育水平被分为 10 个层级，1 表示"没有受过正规的教育"，10 表示"获得大学学位的高等教育"，数字越大表示受教育水平越高）、性别（0 表示男性，1 表示女性）。

　　表 3 和表 4 给出了回归结果，总的说来，如同我们模型预期的那样，不信任对管制需求的确有正向的相关关系。从年龄来看，年龄越大的人越不倾向于管制；从收入来看，越富有的人越倾向于管制；从教育水平来看，教育水平越高的人越不倾向于管制；从姓别来看，女性比男性更倾向于管制。

表 3　　　　　　　　　　　不信任对管制需求的影响一：微观估计

被解释变量	竞争有害	竞争有害	竞争有害	竞争有害
常数项	3.36(7.39)***	3.68(3.31)***	2.99(7.87)***	3.03(5.80)***
年龄	-0.004(-6.46)***	-0.001(-0.71)	-0.004(-6.64)***	-0.004(-6.88)***
收入	0.04(12.03)***	0.12(30.42)***	0.04(10.65)***	0.04(11.54)***
教育	-0.01(-0.41)	-0.08(16.81)***	-0.02(-4.23)***	-0.01(-3.52)***
性别	0.13(6.63)***	0.18(8.05)***	0.16(7.82)***	0.15(7.40)***
不信任他人	0.07(5.18)***			
不信任司法		0.14(21.71)***		
不信任公司			0.25(33.39)***	
不信任公务员				0.22(27.77)***
R^2	0.04	0.03	0.02	0.01
N	67268	67268	67268	67268

　　注：括号内为 T 检验数字，***代表 99% 以上显著；**代表 95% 以上显著；*代表 90% 以上显著。

表 4   **不信任对管制需求的影响二：微观估计**

被解释变量	政府应该承担更多责任	政府应该承担更多责任	政府应该承担更多责任	政府应该承担更多责任
常数项	2.66(7.01)***	4.03(4.81)***	2.06(10.87)***	5.01(6.70)***
年龄	−0.001(−3.16)***	−0.002(−0.71)	−0.006(−4.02)***	−0.001(−3.48)***
收入	0.08(6.05)***	0.10(7.48)***	0.06(5.12)***	0.05(7.10)***
教育	−0.02(−0.34)	−0.11(3.68)***	−0.05(−4.32)***	−0.02(−3.86)***
性别	0.13(7.11)***	0.20(6.02)***	0.15(5.12)***	0.16(6.11)***
不信任他人	0.06(3.91)***			
不信任司法		0.09(11.52)***		
不信任公司			0.31(12.68)***	
不信任公务员				0.28(16.32)***
R^2	0.10	0.08	0.05	0.04
N	67268	67268	67268	67268

注：括号内为 T 检验数字，***代表 99% 以上显著；**代表 95% 以上显著；*代表 90% 以上显著。

六 结 论

本文通过一个理论模型解释了一国的政府管制程度与该国的不信任水平总是表现出高度正相关关系的原因；该模型还表明低的信任水平不仅对应着现实中较严厉的管制，而且还对应着较高的管制要求，这有助于解释为什么生活在坏政府中的人们反而想要更多的政府管制；模型中存在一个好的均衡和一个坏的均衡，这意味着：在一个缺乏信任的社会，个人的理性选择是不具备公民精神（即不进行社会资本投资），对应的是比较严厉的管制；而在一个信任水平较高的社会，个人的理性选择是具备公民精神（即进行社会资本投资），对应的是比较宽松的管制。经验分析的结果很好地支持了模型的结论。

本文在一个比较宽泛的层面上研究了不信任和管制之间的关系，得出了一些有益的结论，然而许多问题还有待进一步探讨。比如，根据有些学者的研究，不信任和管制之间的影响关系可能是双向的，即不仅不信任水平会影响到管制，而且管制也会影响到不信任水平的高低。我们的研究并没有考虑这种可能存在的反向关系。

另外，根据我们的假设：社会资本的积累是很分散的，因为它发生在家庭内部。事实上，在我们的模型中，如果公众能够对公共教育（提升社会资本水平）达成共识，如果公共教育能够成功实施，那么坏的均衡就能避免。毫无疑问，在一些国家，公共教育的一个重要目标是建立社会资本（Glaeser et al.，2007）。然而，这也带来了一个问题，在提高社会资本水平方面，公共教育的可能性和局限性是什么？尤其在环境等问题上，家长在这方面似乎没有兴趣表现出过多的公民精神。这些方面是本文进一步的研究方向。

附录　　　　　　各回归方程中包含的参与国和地区

方程	1	2	3	4	5	6	7	方程	1	2	3	4	5	6	7
1 加拿大	*	*	*	*	*	*	*	31 捷克	*	*	*		*	*	*
2 澳大利亚	*	*	*	*	*	*	*	32 印度	*	*	*	*	*	*	*
3 新西兰	*	*	*	*	*	*	*	33 日本	*	*	*	*	*	*	*
4 美国	*	*	*	*	*	*	*	34 乌干达	*	*	*	*		*	*
5 挪威	*	*	*	*	*	*	*	35 埃及	*	*	*	*	*	*	*
6 中国香港	*	*	*	*		*	*	36 亚美尼亚	*	*	*	*	*	*	*
7 芬兰	*	*	*	*			*	37 波兰	*	*	*	*	*	*	*
8 以色列	*	*	*					38 西班牙	*	*	*	*	*	*	*
9 津巴布韦	*	*	*			*	*	39 印度尼西亚	*	*	*	*	*	*	*
10 瑞典	*	*	*	*	*	*	*	40 克罗地亚	*	*	*	*	*	*	*
11 赞比亚	*	*	*	*	*	*	*	41 中国	*	*	*	*	*	*	*
12 瑞士	*	*	*	*		*	*	42 乌克兰	*	*	*	*	*	*	*
13 新加坡	*	*	*	*				43 土耳其	*	*	*	*	*	*	*
14 拉脱维亚	*	*	*	*	*	*	*	44 摩洛哥	*	*	*	*	*	*	*
15 马来西亚	*	*	*	*	*	*	*	45 格鲁吉亚	*	*	*	*	*	*	*
16 荷兰	*	*	*	*	*	*	*	46 布基纳法索	*	*	*	*	*	*	*
17 匈牙利	*	*	*	*	*	*	*	47 菲律宾	*	*	*	*	*	*	*
18 巴基斯坦	*	*	*			*	*	48 阿根廷	*	*	*	*	*	*	*
19 秘鲁	*	*	*	*	*		*	49 约旦	*	*	*	*	*	*	*
20 南非	*	*	*	*	*	*	*	50 委内瑞拉	*	*	*	*	*	*	*
21 吉尔吉斯斯坦	*	*		*		*	*	51 法国	*	*	*	*	*	*	*
22 泰国	*	*	*	*	*	*	*	52 巴西	*	*	*	*	*	*	*
23 尼日利亚	*	*	*	*	*	*	*	53 墨西哥	*	*	*	*	*	*	*
24 斯洛文尼亚	*	*	*	*	*	*	*	54 马里	*	*		*	*	*	*
25 乌拉圭	*	*	*	*	*	*	*	55 意大利	*	*	*	*	*	*	*
26 保加利亚	*	*	*	*	*	*	*	56 罗马尼亚	*	*	*	*	*	*	*
27 智利	*	*	*	*		*	*	57 越南	*	*	*	*	*	*	*
28 德国	*	*	*	*	*	*	*	58 哥伦比亚	*	*	*	*	*	*	*
29 加纳	*	*	*	*	*	*	*	59 俄罗斯	*	*	*	*	*	*	*
30 立陶宛	*	*	*	*	*	*	*	60 多米尼加	*	*	*	*	*	*	*

参考文献

［1］Aghion P. , Algan, Y. and Cahuc, P. , 2008, Can Policy Influence Culture? Minimum Wage and the Quality of Labor Relations, Harvard Working Paper.

［2］Alesina, A. and Glaeser, E. , 2004, *Fighting Poverty in the US and Europe*. Oxford, UK: Oxford University Press.

［3］Alesina, A. and Angeletos, G. – M. , 2005a, Fairness and Redistribution ［J］. *American Economic Review* 95 （5）: 960 – 980.

［4］Alesina, A. and Angeletos, G. – M. , 2005b, Corruption, Inequality and Fairness ［J］. *Journal of Monetary Economics* 52 （7）: 1227 – 1244.

［5］Algan, Y. and Cahuc, P. , 2007, Social Attitudes and Economic Development: An Epidemiological Approach. IZA Working Paper n 2235.

［6］Banfield, E. , 1958, *The Moral Basis of a Backward Society*. New York, NY: Free Press.

［7］Bloom, N. , Sadun, R. and Van Reenen, J. , 2007, *The Organization of Firms Across Countries*, Stanford University Mimeo.

［8］Botero, J. , Djankov, S. , La Porta, R. , Lopez – de – Silanes, F. and Shleifer, A. , 2004, The Regulation of Labor. *Quarterly Journal of Economics* 119 （4）: 1339 – 1382.

［9］Carlin, B. , Dorobantu, F. and Viswanathan, S. , 2007, Public Trust, the Law, and Financial Investment, forthcoming. *Journal of Financial Economics*.

［10］Djankov, S. , La Porta, R. , Lopez – de – Silanes, F. and Shleifer, A. , 2002, The Regulation of Entry. *Quarterly Journal of Economics* 117 （1）: 1 – 37.

［11］Djankov, S. , La Porta, R. , Lopez – de – Silanes, F. and Shleifer, A. , 2003a, Courts. *Quarterly Journal of Economics* 118 （2）: 453 – 517.

［12］Djankov, S. , Glaeser, E. , La Porta, R. , Lopez – de – Silanes, F. and Shleifer, A. , 2003b, The New Comparative Economics. *Journal of Comparative Economics* 31 （4）: 595 – 619.

［13］DiTella, R. and McCulloch, R. , 2006, Why Doesn't Capitalism Flow to Poor Countries? Harvard University Mimeo.

［14］Fisman, R. and Miguel, E. , 2008, Corruption, Norms and Legal Enforcement: Evidencefrom Diplomatic Parking Tickets. *Journal of Political Economy* 115 （6）: 1020 – 1048.

［15］Glaeser, E. and Shleifer, A. , 2003, The Rise of the Regulatory State. *Journal of Economic Literature* 41 （2）: 401 – 425.

［16］Glaeser, E. , Ponzetto, G. and Shleifer, A. , 2007, Why Does Democracy Need Education? *Journal of Economic Growth* 12 （1）: 77 – 99.

［17］Guiso, L. , Sapienza. P. and Zingales, L. , 2007a, Long Term Persistence, Mimeo, University of Chicago.

［18］Guiso, L. , Sapienza, P. and Zingales, L. , 2007b, Social Capital as Good Culture, Mimeo, University of Chicago.

［19］Banfield, E. , 1958, *The Moral Basis of a Backward Society.* New York, NY: Free Press.

［20］Coleman, J. , 1990, *Foundations of Social Theory.* Cambridge, MA: Harvard University Press.

［21］Gambetta, T. , 1988, *Trust, Making and Breaking Cooperative Relations.* Oxford, UK: Blackwell.

［22］Knack, S. and Keefer, P. , 1997, Does Social Capital Have an Economic Payoff, A Cross – Country Comparison. *Quarterly Journal of Economics* 112 （4）: 1251 – 1288.

［23］La Porta, R. , Lopez – de – Silanes, F. , Shleifer, A. and Vishny, R. , 1997, Trust in Large Organizations. *American Economic Review* 87 （2）: 333 – 38.

［24］Landier, A. , Thesmar, D. and Thoenig, M. , 2007, Investigating Capitalism – Aversion, Manuscript.

［25］Piketty, T. , 1995, Social Mobility and Redistributive Politics. *Quarterly Journal of Economics* 110 （3）: 551 – 584.

［26］Tabellini, G. , 2007, Culture and Institutions. IGIER Working Paper.

［27］Tabellini, G. , 2008, The Scope of Cooperation: Norms and Incentives. *Quarterly Journal of Economics* 123 （3）: 905 – 950.

要素垄断与中国经济增长

高彦彦

摘　要　本文利用 1997—2007 年间的省际面板数据研究政府要素垄断与中国经济增长之间的关系。开放经济条件下，政府对部分要素的垄断会通过要素替代效应、政府投资效应以及国外技术扩散效应而促进粗放式经济增长。实证研究结果表明，总体而言要素垄断并没有阻碍中国经济增长，但因不同要素而不同。技术垄断和土地垄断对经济增长有显著的促进作用，金融管制则不利于经济增长，而劳动管制和吸引外资与经济增长并没有显著关系。

关键词　要素垄断　经济增长　要素替代

一　引言

改革开放以来中国经济飞速增长。与俄罗斯"休克疗法"不同的是，中国采取了一种渐进改革的方式从计划经济向市场经济转型。政府逐步放开对产品和要素价格的行政控制，采取"价格双轨制"。例如，改革初期中国政府还对农产品采取价格双轨制，政府对计划内的农产品按照国家保护价进行收购，而对计划外的农产品则任由农民在粮食市场上进行交易。但市场和政府之间的竞争最终导致政府完全放开农产品市场（Sicular, 1988）。此后，政府不断扩大市场调节资源配置的范围，放开了对绝大部分终端产品市场的控制，但是仍对一些"关系国计民生的"行业采用国有企业或者国家所有制的形式保持垄断或者管制。国家垄断控制的领域主要属于要素市场，其中包括土地、矿产、

［作者简介］东南大学经济与管理学院，无锡。

［基金项目］国家社科重大项目"基于自主创新能力增进的产学研合作创新研究"（10zd&020）、国家社科重点项目"以全球价值链引导我国经济结构转型升级"（11AZD002）、教育部人文社科重点研究基地南京大学长江三角洲经济社会发展研究中心课题"以产业集群促进长三角战略性新兴产业创业发展"（10JJD790026）以及中国博士后科学基金第 50 批面上资助项目"中国政府的选择性公共品供给行为及其效率研究"（2011M500834）。

水电、金融、劳动，等等。① 价格双轨制仍然存在于这些政府垄断的领域：一方面，国有企业低价获取大量的要素资源；另一方面存在一个高价短缺的要素市场。这样就形成了一个奇特的市场结构：近乎完全竞争的产品市场和广受垄断控制的要素市场并存的局面。在这种混合经济背景下，中国经济经历了三十多年的快速增长。

本文将要研究这种混合市场对中国经济增长的影响。传统理论认为，坏的管制会阻碍经济增长，而好的管制则意味着政府主要起着界定和保护产权，提供公共服务等方面，而不是直接干预经济。与已有文献中把政府管制划分为"好的"和"坏的"不同，中国政府现在采取的管制主要表现在要素市场的垄断经营，而在产品市场则完全放开。政府对诸如土地、矿产、电力以及通信传输等要素领域的垄断显然并不完全符合传统意义的"好的"管制，但是，中国经济却实现了快速持续的增长。因此，一个自然而然的问题是，政府的要素垄断是否阻碍了中国的经济增长？如果没有，那么是什么原因抑制了要素垄断对经济增长的消极效应？

本文利用中国的省级面板数据检验要素垄断与中国地区经济增长之间的关系。实证研究结果表明，由于政府对部分要素市场的垄断通过要素替代和政府投资促进了非垄断要素的使用，从而产生粗放增长效应。

下面的文章安排如下：第二部分是对已有相关文献的简要回顾；第三部分介绍实证分析的计量模型、变量和数据来源；第四部分报告不同视角的实证检验结果；第五部分是本文结论。

二　文献回顾

中国持续快速的经济增长令国内外学者痴迷于探索其增长源泉。不断增长和优化的要素投入被认为是中国经济增长的重要原因。尽管已有文献对中国经济增长的解释存在差异，但是，一个基本认同的判断是，以物质资本为主的要素投入相对于技术进步而言是促进中国经济增长的主导性力量，尽管中国改革开放以来以 TFP 度量的技术进步对经济增长的贡献达到 20% 左右（如 Chow, 1993；Krugman, 1994；Young, 2003；郭庆旺、贾俊雪, 2005；Zheng et al., 2008；吴延瑞, 2008）。库兹涅茨（1989）认为，"……现代经济增长对物质资本的需求还是很平缓的，只占总产值中微小的部分，在很长时期内只增加了几个百分点。……同时因为资本形成缓慢，而科技进步则甚为剧烈，因此，人

---

① 根据行业从业人员中农民工比重，认为垄断行业包括石油和天然气开采业、烟草制品业、石油加工、炼焦及核燃料加工业、电力、燃气及税的生产和供应业、铁路运输业、水上运输业、航空运输业、邮政业、电信和其他信息传输服务业以及金融业；而竞争行业则主要是制造业、建筑业、批发和零售业、住宿和餐饮业、居民服务和其他服务业。参见岳希明等（2010，表1）。

均资本投入的增长比例较人均国民产值的增长为低。"这意味着中国的经济增长还没有完全步入到一种以技术进步主导的现代经济增长阶段，而是一种以要素投入为主的粗放增长模式。

经济增长因素研究虽然能分解不同要素对经济增长的贡献，但是却无法让人深刻理解各种要素发挥作用的方式，例如要素市场结构和组织方式差异对经济增长的影响。关于垄断对经济增长影响的观点可以分为两种：一种是沿袭亚当·斯密的观点，认为垄断养成的利益集团会阻碍新技术的采用（如 Parente and Prescott, 1999），造成资源配置的扭曲以及社会福利损失（Harberger, 1954；Posner, 1975）；另一种则沿袭熊彼特的创新观点，包括 Romer（1990）开创的内生增长理论，认为创新需要借助垄断利润来提供资金。在发达国家，由于强势工会的存在，劳动垄断是要素市场垄断的重要方面。然而，中国工会处于弱势地位，劳动是一种竞争性的生产要素。因此，本文的理论分析将把劳动看成是竞争性的要素。

相对于市场垄断而言，中国政府主导下的经济发展表现出更多的行政性垄断特征。已有经济管制理论从市场失灵和信息不对称的角度研究了政府对经济进行干预以提高资源配置的效率。但也认识到由此可能导致的管制者被被管制者俘获的管制失效问题（Buchanan, 1972）。因此，管制理论的一个最大的难题是如何建立起一个好的管制制度，好的管制固然对可持续经济发展具有促进作用（Hall and Jones, 1999；Kauffman and Kaay, 2002；Jialilian et al. , 2007），但是过多的管制会通过其扭曲效应和促进非正式经济发展而损害经济增长（Loayza et al. , 2005）。

与基于市场失灵考虑的经济管制不同，中国政府对部分生产要素的垄断源自政治和历史原因。在经济转型过程中，中国政府通过对关系国计民生的重要生产要素的垄断来保证其社会主义性质以及发挥其调控经济的作用。国内学者也从政府放松管制，即市场化改革的角度研究中国经济增长问题。方军雄（2006）的实证研究表明，通过价格信息把资源从低效行业转移至高效行业，中国的市场化进程改善资本配置效率，从而促进了经济增长。周业安和章泉（2008）认为，市场化对经济增长的影响依赖于财政分权，财政分权水平高的地方，市场化对经济增长具有消极影响，原因是过度财政分权下的地方政府恶性竞争会破坏市场秩序。但是这些研究并没有区分不同市场化指标对经济增长的影响差异。于是，周业安和赵坚毅（2005）通过构造金融市场化指标研究金融市场化与经济增长之间的关系，结果发现，金融市场化促进了经济增长，但是一般性的金融发展指标与经济增长成负向关系，原因是中国转型时期金融市场化导致的不同金融市场的互补性具有增长效应。

此外，樊纲等（2011）利用其 2010 年构建的市场化指数详细研究了不同类型的市场化指标对经济增长的贡献，认为 1997—2007 年间中国的市场化对经济增长的年均贡献达到 1.45%，其对全要素生产率的贡献达到 39.2%。但是，我们注意到，在他们的实证结果中，要素市场发育程度指标并没有显著地促进中国经济增长。另外，张卫国等（2011）的研究结论也认为现阶段的地区性行政垄断促进了中国经济增长。换言之，政府垄断并没有阻碍中国经济增长。这与传统智慧相悖，因而需要更多的理论分析和实证检验对此进行解释。

那么，政府要素垄断影响经济增长的微观机制是什么？首先，从微观个体角度讲，居民的认知偏差会产生对政府干预的诉求（叶德珠，2010）。一种寄希望于政府来解决问题的群众心理会导致政府对一些生产要素的直接控制。其次，从企业行为的角度出发，张杰等（2011）的实证分析表明，要素市场扭曲会抑制企业研发支出，因为要素市场扭曲会导致企业把资源用于寻租活动和构建不平等竞争地位。余明桂等（2010）和杨其静（2011）的研究表明，当政府具有大量资源而缺乏有效制度约束时，企业会热衷于政治关联以获取大量的财政补贴收入，而非专注于企业自身能力的建设。因此，如果政府要素垄断促使企业关注于用政治扶持而不是自主研发来增强其自身竞争力，那么其后果必然是缺乏创新能力的微观企业、处于价值链低端的产业分布和以要素投入为主的粗放式宏观经济增长。

然而，开放经济条件下要素垄断会抑制企业自主创新并不意味着企业缺乏技术来源。由于外资活动对本土企业具有积极的管理和技术溢出效应（如沈坤荣和耿强，2001；魏后凯，2002），由此可以降低创新能力不足对本土企业成长的约束。由于缺乏有力的知识产权保护制度，本土企业可以通过购买、模仿和学习来获取较为先进的技术，结合本地的优势要素，如廉价的劳动和较低的环保约束，实现其生产能力和贸易的扩张。此外，如果考虑到政府对部分要素垄断引起的该要素价格提高会导致其他竞争性要素的大量使用，以及政府基于掌握的大量垄断收益而进行的直接和间接的投资活动，那么这些要素垄断对经济增长的消极影响会更小，甚至会促进粗放式经济增长。

因此，要素管制对经济增长的抑制效应可能会因经济条件和增长模式而不同。正如中国经济增长历程所示，政府对诸多生产要素的长期控制却可以与中国经济增长同步发生。当然，在找到两者相互作用的机制和证据之前，我们并不能说要素垄断促进了中国粗放型的经济增长，尽管的确存在这种可能。下面我们将对此进行实证分析。

三 实证设计

（一）计量模型与变量选取

根据上面的理论分析，我们建立如下关于要素垄断和经济增长之间的面板数据模型：

$$\ln gdpc_{it} = \alpha_0 + \alpha_1 factor_{it} + control_{it}\beta + \varepsilon_{it} \tag{1}$$

其中，$gdppc$ 为人均 GDP 度量的经济总量，$factor$ 为政府的要素垄断水平，$control$ 为控制变量向量，为随机扰动项，α_0、α_1 和 β 为各种待估参数。

各变量的选取和数据来源说明如下：

因变量为各地区相当于 1978 年物价水平的真实 GDP 的对数。GDP 可以是粗放式经济产出的很好度量，因为它没有体现经济增长的质量。

核心变量要素垄断指标首先采用樊纲等（2010）测度的要素市场发育程度来度量。已有研究采用这种方法（如方军雄，2006；周业安、章泉，2008）。要素市场发育程度为金融市场化程度、引进外资程度、劳动力流动性程度和技术成果市场化程度四个子指标的算术平均值[①]。其中，金融市场化程度指标由非国有金融机构吸收存款占整个金融机构吸收存款的比重（金融业的竞争）和金融机构贷款中非国有企业贷款所占比重（信贷资金分配的市场化）两个指标计算而成；引进外资程度则指外商直接投资额占 GDP 的比重；劳动力流动性则指外来农村劳动力占当地城镇从业人员比重；技术成果市场化程度采用科技人员的人均技术市场成交额来度量。

然而，不可否认的是，上述指标忽视了一个最重要的要素垄断指标：土地垄断。从 1998 年房地产市场化改革以来，购房支出开始成为家庭最大的支出项目，而土地出让金也成为地方政府的"第二财政"。中国采取土地国有或者集体所有制，因而城市化和工业化过程中的土地需求完全由地方政府的垄断供给来满足。

由于分税制改革以来地方财政预算赤字压力很大，而且土地出让金为地方政府预算外收入来源，地方政府具有强烈的经济刺激去获取土地垄断收入。在产业组织理论中，勒纳指数往往用来度量垄断厂商的市场势力，即垄断价格与边际成本之差与垄断价格的比值。由于数据的缺乏，我们无法获取政府出让土地的边际成本。但是，鉴于地方政府的预算内财政收入主要是来自竞争性的产品市场，采用地方政府国有土地出让成交款占地方政府预算内财政收入的比重来度量地方政府对土地要素的垄断程度，不失为一种可取选择。国有土地出让成交款数据来自 1999—2008 年的《中国国有资源年鉴》。

控制变量如下：

1. 产品市场化程度。产品市场化程度指标度量了各级政府对产品市场的管制和垄断程度。中国改革开放以来的重要特征是政府把产品定价权交给了市场，由供求来决定最终产品的均衡价格。产品市场化程度的提高，可以提高资源的配置效率，从而在给定的要素价格下有效地促进地区经济增长。因此，我们考察要素垄断对经济增长的影响不能忽视产品市场的自由化对经济增长的影

---

① 樊纲等（2010）还采用主成分方法计算不同子指标的权重并构建要素发育程度指标，但是发现与算术平均法基本一致。具体每个子指标的计算方法，参见樊纲等（2010，第 255 页）的介绍。

响。各地区产品市场化程度也采用樊纲等（2010）测算的产品市场发育程度指标，该指标由"价格市场决定程度"和"减少商品地方保护"两个子指标构成。

2. 经济开放度。经济开放给本土企业带来巨大的市场需求，从而促进了本地经济的增长。经济开放度采用贸易依存度，即进出口贸易总额与 GDP 之比，或者外商直接投资来度量。我们先用各年汇率把以美元为单位的外商直接投资转换为以人民币为单位的规模。

3. 实物资本采用人均全社会固定资产投资总额。这里采用主流的永续盘存法来计算实物资本存量，计算方法为：

$$K_{it} = K_{it-1}(1 - \delta_{it}) + I_{it} \tag{2}$$

其中，K_{it} 为 i 地区在第 t 年的资本存量，而 I_{it} 则为第 t 年新增的投资额，δ_{it} 为折旧率。目前，国内大量的文献对实物资本存量进行了估计（如 Chow，1993；黄勇峰等，2002；张军等，2004；徐现祥等，2007）。本文根据张军等（2004）的研究结果获取 1997 年至 2000 年各省的实物资本存量，随后年份的各省资本存量则采用其提供的方法进行估计。

4. 技术进步指标采用各地区技术市场成交额。与已有大量采用 TFP 度量技术进步的方式不同，本文采用技术市场成交额来度量技术水平。由于技术进步直接度量的难度，以及技术市场成交额大小与技术水平之间的正向关系，技术市场成交额是一个比较好的技术进步代理变量。

5. 劳动力质量对经济增长的影响采用人力资本变量。Wang 和 Yao（2003）采用永续盘存法来计算 15—64 岁劳动力的人力资本水平，其计算方法如下：

$$H_t = \frac{\sum_{j=1}^{5} y_j H_{jt}}{Pop_t} \tag{3}$$

其中，H_t 是人力资本水平；$j = 1$、2、3、4、5 分别代表小学、初中、高中、职业中学和高等教育；y_j 为第 j 种教育的平均受教育年数；H_{jt} 则为第 t 年完成第 j 种学历的毕业生数量；Pop_t 为 15—64 岁人口数量。考虑到省级数据的可得性问题，我们采用李秀敏（2007）对不同教育程度的划分和年数的假定，即把人群划分为文盲半文盲、小学、初中、高中和大专以上，分别为 2 年、6 年、9 年、12 年和 16 年。因此，1997—2004 年的人力资本数据来自李秀敏（2007）的研究，此后的人力资本数据则由相同方法利用《中国统计年鉴》抽样获取的不同类型教育人口数量进行计算获取。

6. 道路交通设施。该指标采用公路、铁路和内河航道运输里程之和进行度量。一般而言，交通状况的改善有助于降低交易成本，从而促进地区经济增长。

除了各种市场化程度指标和各变量的特别说明，计算其他经济指标的原始数据均来自 1998—2008 年的《中国统计年鉴》。为了消除价格因素的影响以及各变量之间的一致性，我们采用 CPI 指数对这些名义变量进行平减，转换成 1978 年真实水平。表 1 给出了各变量的描述性统计。我们可以看出，中国产品市场发育程度要远高于要素市场发育程度。要素市场发育又以金融市场发育程度最高。土地市场垄断程度平均为 0.28。

表1　　　　　　　　　　　各变量的描述性统计

变量	观察量	均值	标准差	最小值	最大值	单位
GDP	341	965.37	958.27	32.95	5606.31	亿元
人均 GDP	341	2461.82	1800.17	481.82	11195.79	元/人
要素市场发育程度	337	3.75	2.27	0.4	11.93	——
金融市场化程度	277	5.85	2.51	0	12.01	——
劳动力流动程度	337	3.29	2.99	0	17.03	——
引进外资程度	338	2.77	3.02	-0.12	17.92	——
技术成果市场化	277	4.15	4.56	0	24.73	——
土地垄断程度	310	0.28	0.27	0.004	1.7	——
产品市场发育程度	338	6.96	1.96	0	10.61	——
从业人员数	341	2107.25	1454.73	118.4	5772.72	万人
资本存量	339	2650.69	2757.35	81	19005.39	亿元
平均教育年限	341	7.89	1.05	4.02	11.16	年
贸易依存度	341	0.31	0.41	0.03	1.76	——
FDI	340	37.60	55.73	0	333.46	亿元
技术市场交易额	341	455.45	1052.66	1.91	8404.91	万元
道路交通里程	341	68853.47	46954.71	4903	243984.4	公里

（二）计量方法

为了检验要素市场垄断在要素替代的背景下是否促进了地区经济增长，本文先采用随机效应和固定效应模型对（1）式进行估计，利用豪斯曼检验来判别是否存在个体效应，以及两者估计的效果。同时，由于不仅要素和产品市场垄断水平对经济增长具有促进作用，而且经济增长对要素和产品市场自由化的要求也会更强，或者发达地区面临着要素和产品市场自由化的压力也会更强，由此会导致市场化因素与经济增长之间因存在双向因果关系而引起内生性问题。类似的，土地垄断指标也可能存在双重因果关系，即经济发展水平越高的地区，可以支撑更高的房价，从而可以使该地政府土地拍卖价格更高。另外，由于我们不能控制所有影响市场化程度的经济变量，这就会导致残差项与市场化指数之间存在相关关系，由此也会引起内生性问题。为此，本文将建立由 Arellano 和 Bover（1995）以及 Blundell 和 Bond（1998）等提出的系统广义矩动态面板数据模型对（1）式进行估计，计量模型如下：

$$\ln gdp_{it} = \sum_{j=1}^{k} \rho_j \ln gdp_{i,t-j} + factor_{it}\alpha + control_{it}\beta + \mu_i + \varepsilon_{it} \qquad (4)$$

$$d.\ln gdp_{it} = \sum_{j=1}^{k} \rho_j d.\ln gdp_{i,t-j} + d.factor_{it}\alpha + d.control_{it}\beta + d.\varepsilon_{it} \qquad (5)$$

其中，μ_i 为不可观测的个体效应。$j = 1$，2，…，k，表示滞后阶数。（4）式为水平方程，（5）式为差分方程。ρ、α、β 为待估参数向量。

四　实证结果

（一）要素垄断与经济增长

表 2 报告了采用固定效应模型和系统广义矩方法的动态面板数据模型估计的各种要素垄断指标与中国经济增长之间的关系。表 2 第（1）列和第（2）列为总量要素投入产出关系下的估计结果，而第（3）列和第（5）列为人均要素投入产出关系下的估计结果。我们可以看出，在总量关系下，要素垄断指标和产品市场化指标与中国总量经济增长之间并不存在一个显著的关系。其中的问题在于劳动和教育之间的相关系数高达 0.98，由此导致严重的多重共线性问题，因而总量分析的估计结果不可信。为了避免这种问题，我们进一步考察了人均变量关系下要素垄断与经济增长之间的关系。

表 2 中第（3）至第（5）列报告了要素垄断指标与人均 GDP 增长之间的关系。我们可以发现，要素市场发育程度与人均 GDP 增长成负向关系，这意味着要素垄断与人均 GDP 增长成正向关系。要素市场发育程度提高 1 个单位，人均 GDP 增长将下降 0.5 个百分点；土地垄断程度也与人均 GDP 增长成正向关系，土地要素垄断程度提高 1 个单位，人均 GDP 增长提高 0.03 个百分点。产品市场化程度的提高则显著促进了人均 GDP 增长。因此，初步看来，要素垄断和产品竞争促进了人均 GDP 的增长。

与大量已有研究一致，资本和教育是促进经济增长的最重要变量。人均资本存量和人均教育提高 1%，将促进人均 GDP 分别增长 0.07% 和 0.09%。然而，人均道路交通的改善并没有像人们预期的那样，促进人均 GDP 的增长，反而倾向于阻碍人均 GDP 增长。在中国政府主导的经济发展模式下这种负向关系并不难解释。首先，受中央政府社会主义新农村建设的刺激，全国公路里程数急剧增长，2005 年各省平均交通道路里程为 68685.27 公里，而 2006 年该指标均值增至 117983 公里，增长了 0.72 倍，因而这些公路建设存在非效率因素；其次，地方政府对道路交通建设的热衷是因为它可以给地方带来大量的收入，也导致公路建设存在过度投资问题，关卡林立的高速公路网也增加了贸易成本和市场分割程度，从而对经济增长产生消极影响。

表2   要素垄断与中国经济增长（1997—2007）

VARIABLES	（1）FE	（2）GMM	（3）GMM	（4）GMM	（5）GMM
	真实 GDP 的对数	真实人均 GDP 的对数			
L. lrgdp		1.064 ***	1.008 ***	0.975 ***	1.019 ***
		(0.053)	(0.053)	(0.055)	(0.051)
L2. lrgdp		− 0.134 ***	− 0.112 **	− 0.106 **	− 0.117 **
		(0.050)	(0.052)	(0.050)	(0.050)
要素市场发育程度	0.005	− 0.002	− 0.0079 **		− 0.00498 *
	(0.010)	(0.003)	(0.003)		(0.003)
土地垄断程度	− 0.069	0.014		0.0369 ***	0.0291 **
	(0.041)	(0.013)		(0.014)	(0.012)
产品市场化程度	0.010	0.005	0.00713 **	0.00538 *	0.00513 *
	(0.007)	(0.003)	(0.003)	(0.003)	(0.003)
资本	0.233	0.0695 ***	0.0817 ***	0.0887 ***	0.0698 ***
	(0.145)	(0.015)	(0.016)	(0.018)	(0.015)
劳动	0.455 *	− 0.019			
	(0.252)	(0.040)			
教育	0.024	0.018	0.0930 **	0.134 ***	0.0921 **
	(0.139)	(0.042)	(0.042)	(0.043)	(0.040)
水陆交通	− 0.045	0.001	− 0.036 ***	− 0.006	− 0.0206 **
	(0.041)	(0.011)	(0.011)	(0.011)	(0.010)
截距项	1.998	− 0.0464	0.003	− 0.055	0.015
	(1.660)	(0.151)	(0.114)	(0.112)	(0.108)
观察值	305	275	275	276	275
R^2	0.974				
截面数	31	31	31	31	31
SarganTest		197.086	191.37 **	156.053	208.420

注：资本、劳动、教育、道路交通变量均取对数值；当因变量为人均 GDP 的对数时，资本、教育、道路交通变量也用人均值的对数；*、**、*** 分别表示 10%、5% 和 1% 的显著水平；第（1）列括号中的值为稳健性标准误差，其余括号中的值为标准误差；第（2）至（5）列中要素市场发育程度、土地垄断程度和产品市场发育程度设定为内生变量；所有回归控制时间效应。

（二）不同要素垄断的经济增长效应

下面我们分析不同要素垄断程度与中国经济增长之间的关系。表3第（1）至（3）列报告了各种细分要素垄断变量与经济增长之间的关系，第（4）至（5）列则报告了采用人均FDI的对数和人均技术市场交易额分别度量引进外资程度和技术成果市场化指标时的估计结果。从第（1）至（3）列可以看出，与前文一致，土地垄断促进了人均GDP增长。在各度量要素垄断的指标中，金融市场化指标促进了中国的经济增长，而技术成果市场化则显著阻碍了经济增长，劳动流动性和吸引外资程度与人均GDP增长之间的关系并不显著。

1. 金融市场化与人均GDP增长

金融市场化有助于促进中国经济增长，是因为在中国资本相对于其他生产要素而言更为稀缺而且难以替代。在中国目前以工业主导和要素投入为主的增长模式下，企业必须具备一定的资本才能够开始从事产品制造和加工活动。由于工业部门诸如能源之类的垄断性要素仅与劳动存在替代性，与资本替代性并不强（陶小马等，2009），因此，金融市场化有助于这些企业获取刚性资本要素和开展生产活动，从而在宏观上实现经济增长。

2. 技术垄断与人均GDP增长

令人费解的是，技术成果市场化指数与人均GDP增长成显著的负向关系。一般而言，技术成果市场化有助于技术的扩散，提高资源的使用效率，从而促进经济增长。但这里的实证分析表明两者之间存在稳健的负向关系。一个合理的解释是，由于以创新为基础的技术进步具有高投入和高风险的特征，这在缺乏有效知识产权保护和技术成果市场不健全的情况下会导致该技术被抄袭和复制的可能性更大，从而使创新者的权益得不到保证。因此，相对于把技术成果市场化，对技术要素的垄断也可以保证创新主体获取研发创新的超额收益，从而激励着企业更多地创新，进而促进经济增长。

3. 劳动力流动程度与人均GDP增长

城乡劳动力流动对经济增长没有显著影响。一般而言，劳动力的自由流动可以优化劳动力资源的配置效率。但是，中国城乡之间以及不同职业之间的劳动力市场还存在着不同程度的分割。虽然市场分割阻碍了资源配置效率，但是其给固定对象带来的稳定预期和较高的收入可以促进个体对单位的认同和归属感和劳动投入。由于人均GDP也就是劳动生产率，过度劳动力流动性可能会降低劳动的生产率。此外，樊纲等（2010）构建的劳动力流动性主要是指城乡之间的劳动流动性，这种度量的偏误也会导致劳动流动性与人均GDP之间关系比较微弱。

4. 引进外资与人均GDP增长

引进外资程度指标与人均GDP增长之间关系也不显著。一个重要的原因在于地方政府基于招商引资竞争而吸引过来的 FDI 往往存在着低效问题。外资对本地劳动的依赖，对资源的损害以及内外资之间不公平的竞争环境，都可能对本地经济存在一些消极影响。

5. 改变引进外资和技术成果市场化的度量

表 3 的第（4）列和第（5）列报告了分别采用人均 FDI 和人均技术市场交易额替代引进外资程度和技术成果市场化指标进行估计的结果。我们发现，此时这两个指标都与人均 GDP 增长不存在显著关系。采用人均技术市场交易额度量的技术成果市场化指标与人均 GDP 不显著，原因在于人均技术市场交易额更能反映的是一般性的技术水平，而不是技术市场化程度。后者在樊纲等（2010）研究中采用人均研发人员技术市场化交易额来度量，因而更能反映技术垄断状况。尽管这两个要素垄断指标发生变化，但是其他要素垄断指标对人均 GDP 的影响模式并没有发生显著变化。

表 3　　　　　　　　　　　要素垄断与中国经济增长（1997—2007）

	（1）	（2）	（3）	（4）	（5）
VARIABLES	人均 GDP 的对数				
L. lrgdppc	1.083 ***	1.029 ***	1.035 ***	0.891 ***	1.030 ***
	(0.049)	(0.051)	(0.049)	(0.023)	(0.051)
L2. lrgdppc	− 0.192 **	− 0.119 **	− 0.122 **		− 0.149 ***
	(0.048)	(0.051)	(0.049)		(0.049)
劳动流动性	− 0.002	0.0001	− 0.0003	− 0.0023 *	− 0.001
	(0.001)	(0.002)	(0.001)	(0.001)	(0.001)
金融市场化	0.006 ***	0.003		0.005 **	
	(0.002)	(0.002)		(0.002)	
外资引进程度	− 0.0004	− 0.001	− 0.001	0.000	0.001
	(0.001)	(0.001)	(0.001)	(0.004)	(0.005)
技术成果市场化	− 0.002 ***	− 0.002 **	− 0.002 ***	0.002	0.004
	(0.001)	(0.001)	(0.001)	(0.003)	(0.004)
土地垄断	0.039 **		0.022 *	0.023 **	0.024 **
	(0.012)		(0.012)	(0.011)	(0.012)
产品市场化程度	0.010 **		0.006 **	0.004	0.006 **
	(0.003)		(0.003)	(0.003)	(0.003)
资本	0.068 ***	0.062 ***	0.055 ***	0.068 ***	0.068 ***
	(0.013)	(0.015)	(0.013)	(0.014)	(0.015)

续表

VARIABLES	（1）	（2）	（3）	（4）	（5）
	人均 GDP 的对数				
教育	0.118**	0.072	0.110**	0.091**	0.077*
	(0.043)	(0.051)	(0.044)	(0.042)	(0.045)
水陆交通	-0.010*	-0.0238**	-0.016	-0.013	-0.0186*
	(0.006)	(0.011)	(0.010)	(0.010)	(0.011)
截距项	-0.034	0.097	0.009	0.077	0.222
	(0.074)	(0.098)	(0.094)	(0.121)	(0.160)
时期效应	否	是	是	是	是
观察量	268	268	268	268	268
截面数	31	31	31	30	30
Sargan Test	266.176	233.332*	236.556	265.567	223.795

注：资本、教育、道路均为人均值的对数值；括号中的值为标准误差；*、**、*** 分别表示 10% 、5% 和 1% 的显著水平；各种度量的要素垄断和产品市场化指标设定为内生变量；第（4）列和第（5）列采用人均外商直接投资的对数和人均技术市场成交额来代替吸引外资程度和技术成果市场化指标。

五　结论

中国经济转型的渐进模式必然意味着政府对产品和要素市场逐步放松控制。尽管产品市场在取消价格双轨制以后竞争十分激烈，但部分关键要素仍由地方政府垄断供给。本文基于中国经济发展事实和省级面板数据对要素垄断和经济增长之间关系的研究结论表明，要素垄断在产品竞争背景下总体上没有阻碍以人均 GDP 度量的经济增长。在土地、金融、技术、劳动和外资五种生产要素中，土地垄断和技术垄断显著促进了中国经济的增长，而金融垄断则会阻碍中国经济增长，劳动要素垄断和吸引外资与中国经济增长的关系并不显著。

政府对关键性要素的垄断之所以能够促进经济增长，是因为它一方面可以促进竞争性要素投入的增加，另一方面可以促进政府投资性活动的增加。此外，开放经济条件下，本土企业对国外先进技术的购买、模仿和吸收降低了中国经济增长的技术约束。因此，部分要素垄断通过要素替代效应、政府投资效应以及国外先进技术扩散效应促进了中国以要素投入为主的粗放式经济增长。

虽然本文发现了政府对部分生产要素的垄断并没有阻碍中国经济增长，但我们并不能因此得出政府应该强化要素垄断的政策含义，而是说中国政府的要素垄断对中国粗放式经济增长负有责任。因此，要促进中国经济的持续发展和实现以要素投入为主的增长方式向创新引领的增长方式转变需要放松对要素市场的垄断。通过垄断部分要素来实现其他要素投入增长将会面临刚性瓶颈限制，创新的分散和市场化性质，政府主导投资的粗放性质以及由要素垄断带来的不断恶化的收入分配格局，都决定了以要素垄断促进经济增长不具有可持续性。

参考文献

［1］Arellano, M. and O. Bover, 1995, "Another Look at the Instrumental Variable Estimation of Error – Components Models". *Journal of Econometrics*, 68 (1), 29 – 51.

［2］Barro, R., 1973, "The Control of Politicians: An Economic Model". *Public Choice*, 14 (1), 19 – 42.

［3］Blundell, R. W. and S. R. Bond, 1998, "Initial Conditions and Moment Restrictions in Dynamic Panel Data Models". *Journal of Econometrics*, 87, 115 – 143.

［4］Brandt, Loren and Zhu, Xiaodong, 2010, Accounting for China's Growth. IZA Discussion Paper No. 4764.

［5］Buchanan, J. M., 1972, *Theory of Public Choice*. Michigan: University of Michigan Press.

［6］Chow, G. C., "Capital Formation and Economic Growth in China". *Quarterly Journal of Economics*, 1993 (114): 243 – 266.

［7］Hall, R. E. and Jones, C., 1999, "Why Do Some Countries Produce so Much More Output per Worker than Others?" *Quarterly Journal of Economics*, 114 (1): 83 – 116.

［8］Harberger, A. C., 1954, "Monopoly and Resource Allocation". *American Economic Review Papers and Proceedings*, 44 (2), 77 – 87.

［9］Posner, R. A., 1975, "The Social Costs of Monopoly and Regulation". *The Journal of Political Economy*, 83 (4), 807 – 828.

［10］Holz, C. A., 2006, Measuring Chinese Productivity Growth, 1952 – 2005. Available at SSRN: http://ssrn.com/abstract = 928568.

［11］Jalilian, H., Kirkpatrick, C. and D. Parker, 2007, "The Impact of Regulation on Economic Growth in Developing Countries: A Cross – country Analysis". *World Development*, 35 (1): 87 – 103.

［12］Kauffman, D. and Kraay, A., 2002, "Growth Without Governance". World Bank Policy Research Working Paper Series No. 2928.

［13］Krugman, P., 1994, "The Myth of Asia's Miracle". *Foreign Affairs*, 73 (6): 62 – 78.

［14］Loayza, N., Oviedo, A. M. and L. Servén, 2005, "The Impact of Regulation on Growth and Informality Cross – Country Evidence". World Bank Policy Research Working Paper No. 3623.

［15］Parente, S. L. and E. C. Prescott, 1999, "Monopoly Rights: A Barrier to Riches".

American Economic Review, 89 （5）: 1261 – 1233.

[16] Romer, P. M., 1990, "Endogenous Technological Change". *Journal of Political Economy*, 98 （5）, pp. S71 – 102.

[17] Sicular, T., 1988, "Plan and Market in China's Agricultural Commerce". *Journal of Political Economy*, 96, （2）: 283 – 307.

[18] Young, Alwyn, 2003, "From Gold to Base Metals: Productivity Growth in the People's Republic of China during the Reform Era". *Journal of Political Economy*, 111 （6）: 1120 – 1161.

[19] Zheng, Jinhai, Bigsten, A. and A. Hu, 2009, "Can China's Growth be Sustained? A Productivity Perspective". World Development, 37 （4）: 874 – 888.

[20] 樊纲、王小鲁、马光荣:《中国市场化进程对经济增长的贡献》,《经济研究》2011 年第 9 期。

[21] 樊纲、王小鲁、朱恒鹏:《中国市场化指数》, 经济科学出版社 2010 年版。

[22] 方军雄:《市场化进程与资本配置效率的改善》,《经济研究》2006 年第 5 期。

[23] 郭庆旺、贾俊雪:《中国全要素生产率的估算: 1979—2004》,《经济研究》2005 年第 6 期。

[24] 黄勇峰、任若恩、刘晓生:《中国制造业资本存量永续盘存法估计》,《经济学 (季刊)》第 1 卷, 2002 年第 2 期。

[25] 库兹涅茨:《现代经济增长: 发现与思考》, 戴睿、易诚译, 北京经济学院出版社 1989 年版。

[26] 李秀敏:《人力资本、人力资本结构与区域协调发展》,《华中师范大学学报》(人文社会科学版) 2007 年第 5 期。

[27] 刘勇政、冯海波:《腐败、公共支出效率与长期经济增长》,《经济研究》2011 年第 9 期。

[28] 沈坤荣、耿强:《外商直接投资、技术外溢与内生增长: 中国数据的计量检验与实证分析》,《中国社会科学》2001 年第 5 期。

[29] 盛仕斌、徐海:《要素价格扭曲的就业效应研究》,《经济研究》1999 年第 5 期。

[30] 陶小马、邢建武、黄鑫、周雯:《中国工业部门的能源价格扭曲与要素替代研究》,《数量经济技术经济研究》2009 年第 11 期。

[31] 王小鲁、樊纲、刘鹏:《中国经济增长方式转换和增长可持续性》,《经济研究》2009 年第 1 期。

[32] 魏后凯:《外商直接投资对中国区域经济增长的影响》,《经济研究》2002 年第 4 期。

[33] 吴延瑞:《生产率对中国经济增长的贡献: 新的估计》,《经济学 (季刊)》2008 年第 7 期。

[34] 徐现祥、周吉梅、舒元:《中国省区三次产业资本存量估计》,《统计研究》2007 年第 5 期。

[35] 杨其静:《企业成长: 政治关联还是能力建设?》,《经济研究》2011 年第 10 期。

[36] 叶德珠:《和谐社会构建与政府干预的路径选择》,《经济学 (季刊)》2010 年第 1 期。

[37] 余明桂、回雅甫、潘红波:《政治联系、寻租与地方政府补贴有效性》,《经济研究》2010 年第 3 期。

［38］岳希明、李实、史泰丽：《垄断行业高收入问题探讨》，《中国社会科学》2010年第3期。

［39］张杰、周晓燕、李勇：《要素市场扭曲抑制了中国企业R&D?》，《经济研究》2011年第8期。

［40］张军、吴桂英、张吉鹏：《中国省际物质资本存量估算：1952—2000》，《经济研究》2004年第10。

［41］张卫国、任燕燕、花小安：《地方政府投资行为、地区性行政垄断与经济增长——基于转型期中国省级面板数据的分析》，《经济研究》2011年第8期。

［42］周业安、章泉《市场化、财政分权与中国经济增长》，《中国人民大学学报》2008年第1期。

［43］周业安、赵坚毅：《我国金融市场化的测度、市场化过程和经济增长》，《金融研究》2005年第4期。

垄断及其社会成本核算研究述评：
理论、方法与证据

孟 昌 刘 志

摘 要 本文回顾了主流理论中关于垄断社会成本的模型与估算方法，包括基于哈伯格三角形、X—效率理论以及竞争性寻租模型研究的前沿进展。在此基础上分析了国内外估算行政垄断社会成本的研究进展。发现国内学者在估算行政垄断的哈伯格三角形、垄断租金以及企业内部效率损失方面，因方法不同而导致了估算结果的巨大差异。根本原因是不同研究对经典寻租模型的理解和对租金耗散的界定存在偏差和误解，使用的方法落后于寻租经济学的理论进展。而运用泰勒尔的规制合谋理论来研究行政垄断的租金问题或者社会成本可能是一个更好的视角。

关键词 行政垄断 社会成本核算 哈伯格三角形 寻租

一 两种不同类型垄断下的社会成本

对垄断的准确理解是核算其社会成本的关键。在 Buchanan（1980）和 Littlechild（1981）看来，多数关于垄断社会成本的研究文献只是静态地分析垄断，而忽略了垄断产生的原因，必然导致对垄断负面作用的误解。Buchanan 认为，如果不存在市场进入壁垒，长期条件下，市场内生性垄断的垄断租金会在市场竞争中完全耗散并最终转化为消费者剩余，而政府授权的垄断则由于存在政府设置的壁垒，其垄断租金长期存在。寻租的产生则导致垄断租金

［作者简介］北京工商大学经济学院，北京，100048。

［基金项目］北京市属高等学校人才强教深化计划项目"行政性进入壁垒下的企业道德风险研究"（PHR20110879）；北京工商大学研究生科研学术创新基金重点项目"规制合谋下垄断租金分享的激励问题研究——模型与实证"（主持人刘志）；国家社会科学基金青年项目"资源环境约束条件下的区域产业结构升级研究"（10CJY005），北京工商大学科研创新基地平台项目"北京市社会性规制研究基地建设"（201127）。

在企业与政府官员之间转移，构成了垄断的社会成本。Littlechild（1981）认为垄断长期存在的原因有两种，即政府授权和企业具备的持久优势。短期中，企业通过创造新产品而获取的垄断地位通过短期价格高于平均价格的差额即创新利润获得补偿。长期的竞争使价格趋于竞争性水平，哈伯格三角形（Harberger Triangle）最终转化成为消费者剩余。而政府授权的垄断则不同，由于通过法律授权形成的垄断能够一直维持垄断地位而免于竞争的压力，哈伯格三角形会一直存在。Littlechild 的研究说明，哈伯格三角形只有在政府保护的垄断中才能作为垄断的福利净损失。Buchanan 的研究则说明垄断租金也只有在政府授权的垄断中由于寻租活动的存在而转化为社会成本。而在 Bhagwati（1982）看来，垄断的社会成本就是"直接的非生产性寻求利益活动（Directly Unproductive Profit – Seeking Activities，DUP）"导致的社会资源的无谓损失。对政府授权垄断的寻求就是 DUP 活动，最终导致垄断租金转化为社会成本。

大部分政府授权的垄断，如电信、邮政、航空等，是潜在进入者在突破了市场自然产生的进入壁垒后依然无法进入的行业，被中国学者称为行政性垄断。早期关于垄断社会成本的研究并未区分导致垄断的原因，没有将行政性进入壁垒与市场自然生成的壁垒相区分，从而没有区分行政垄断和经济垄断。而在我国当前转轨过程中，经济垄断较少，行政垄断是主要的垄断形式。而对垄断尤其是行政性垄断的社会成本的核算是反垄断的关键。

二　垄断社会成本的核算方法

自从张伯伦和琼·罗宾逊提出不完全竞争理论以来，垄断会扭曲资源配置、损害福利的观点被大部分学者所接受，但垄断究竟在多大规模上减少福利，则缺少证据。哈伯格于 1954 年发表的《垄断与资源配置》一文为研究这一问题奠定了基础。此后有大量研究核算了垄断的福利净损失。已有实证研究主要有两种思路：一种是从哈伯格开始，经由 Cowling 和 Mueller（1978）发展的理论框架及估算方法。另一条思路则是由 Bergson（1973）开创，经由 Carson（1975）完善。

（一）局部均衡下的哈伯格公式即其扩展

哈伯格（1954）通过分析长期条件下资源在产业间的扭曲配置来估算垄断造成的社会福利净损失。哈伯格的假设条件是，长期内资源在各产业间实现最优分配，均衡时企业获得正常利润，而且企业长期内有不变的平均成本，即 $MC = AC$。企业应在长期成本曲线上生产，且获得相等的资本收益率。哈伯格认为，可以通过分析企业资本收益率与平均收益率的差距来甄别垄断产业或企业。进一步，再核算能够使得各产业收益率相等时（实现长期均衡）需要从高资本收益率产业转移至低资本收益率产业的资源的规模。最后估计出资源转移之后社会福利的增加值，此即垄断的福利损失（Welfare Loss）。

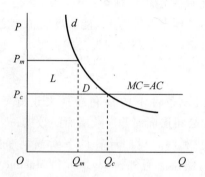

图 1　行政垄断的社会成本的构成

　　根据上述思路，社会福利净损失就是垄断企业将价格和产量由原来的 P_m 和 Q_m 分别移动至 P_c 和 Q_c 时，消费者剩余增加的部分 D。由于垄断导致企业在高于边际成本的价格生产较低的产量，消费者剩余减少 $L + D$。其中 L 为垄断企业占有的消费者剩余，而 D 则是社会福利净损失（Deadweight Loss）。后来的学者将此部分称为哈伯格三角形。在具体计算过程中，哈伯格在假设需求函数具有单位弹性的条件下得到如下公式：

$$D = \frac{1}{2} r^2 \varepsilon p_m Q_m$$

　　式中 r 为企业的销售利润率，ε 为需求函数的价格弹性，哈伯格假定 $\varepsilon = 1$。基于上述模型，哈伯格以 Epstein（1934）整理的 1924—1928 年间的美国 73 个制造产业资本收益率为样本对美国制造业中由垄断所造成的福利损失进行了估算。结果表明，20 世纪 20 年代垄断造成的福利损失为 5900 万美元，低于美国国民收入的 1‰。这一结果与人们的直觉相去甚远。哈伯格自己也认为这一结果有可能低估了垄断造成的实际福利损失，并给出了部分解释。比如他认为计算过程中应将部分广告费用归入准经济利润，而不是看做成本。但哈伯格本人并未按此思路进一步作出估算。后来的学者大部分认为哈伯格低估了垄断的社会成本。施蒂格勒（1956）认为，哈伯格在估算中无论是模型设定还是数据选取上并未真正反映实际情况，导致低估垄断的福利损失。① 有部分

---

① 施蒂格勒（1956）从三个方面对哈伯格公式提出质疑：（1）具有单位弹性的需求曲线低估了实际情况，许多产业的需求弹性大于 1。（2）资本收益率不能真正反映实际垄断利润水平，垄断利润有可能分配到其他资产的账面成本中。（3）估算资本的平均收益率时，哈伯格仅采用了美国制造业的资本收益率数据，并不能反映整体经济的实际情况。

学者对该核算方法作了技术上的改进和修正[1]。

Cowling 和 Mueller（1978）对哈伯格的方法进行了系统修正。他们假设垄断企业按照利润最大化原则定价，则有：$\varepsilon = P_m / (p_m - MC)$。对企业需求函数的弹性作此处理而不是预先假定为 1，能够反映企业之间价格变化的相互依赖性。在此基础上，给出以下福利净损失公式：

$$D_i = \frac{\pi_i}{2}$$

可以看出，满足假设条件下的福利净损失正好等于垄断利润的一半。Cowling 和 Mueller 采用公司层面而非产业层面的数据，以企业历时几年的平均收益作为参照计算垄断利润。他们计算的垄断福利净损失占公司总产出的 3.96%，高于哈伯格的结果。另外，Cowling 和 Mueller 还考察了垄断化的成本，他们将垄断企业广告费用看做维持垄断的成本费用，并将其归入垄断的社会成本[2]。并发展了如下核算公式：

$$\frac{\pi}{2} + \frac{A}{2} + A = \pi - T$$

或者 $\frac{3}{2} (\pi + A) - T$

其中，π 是企业税前利润，A 为企业广告费用，T 为企业所得税（为了方便，后文将 Cowling 和 Mueller 的估算公式简称为 CM 公式）。此公式将利润最大化定价机制纳入公式，免去了估计需求弹性的工作。使得该公式简洁直观，运用较为方便。

（二）一般均衡下的 Bergson 公式及其扩展

从公式中的变量来看，Cowling 和 Mueller（1978）与哈伯格都是在局部均衡条件下从生产角度估算垄断定价的净福利损失，垄断定价对消费者收入的影响没有在公式中体现出来，忽视了消费者面对垄断定价时的反应，即市场价格外生于消费者的行为。

Bergson（1973）同样认为哈伯格的模型低估了福利净损失。Bergson 运用希克斯补偿变量的概念，在一般均衡假设条件下考察了价格偏离竞争性水平时消费者补偿收入的变化，并以此衡量垄断造成的社会福利净损失。希克斯补偿性收入是指在商品价格变动后消费者保持效用不变所需要的收入。而 Bergson 则将这一概念运用到垄断定价的研究中。由于他还假设一般均衡中即使有垄断也能实现充分就业，从而保证了垄断利润最终以家庭收入的形式存在。Berg-

---

① 在后来的估算文献中，Schwartzman（1960）的结果被引用的较多。他用美国 1954 年相关数据核算垄断的福利净损失，但估算结果同样不到国民收入的 0.1%，与哈伯格的结论一致。

② 此处，柯林和缪勒将广告费用看做社会成本的一部分，一定程度上否定了广告传递信息的作用。针对这种处理方法的不足，Littlechild（1981）有深入讨论。

son 定义了一般均衡中（$n+1$）种商品的情况，其中 n 种商品是垄断定价，第 $n+1$ 种是竞争性价格，最后得到以下公式：

$$CNCV = (I^* - I^m)/I^m$$

$CNCV$ 代表消费者收入的净补偿量占国民收入的百分比，也就是垄断造成福利净损失占国民收入的百分比[①]。I^* 代表垄断价格下家庭保持原有效用不变所需要的收入，I^m 代表垄断价格下实现充分就业时家庭的收入。（$I^* - I^m$）代表家庭收入的净补偿变量，也就是垄断定价时的净社会福利损失。经 Bergson 定义的效用函数换算后，$CNCV$ 依赖以下几个变量：γ_i 代表家庭收入中分配到第 i 种商品的份额；λ_i 代表垄断产品的价格—成本比，对于竞争性商品该值为 1；σ 代表商品的替代弹性。Bergson 的计算公式虽然是基于一般均衡假设对消费者收入的考察，一定程度上较为全面地估算了垄断的福利净损失。可以看出，该公式依赖变量较多，计算复杂。在多商品情形中，仅估算替代弹性 σ 就异常困难。作者在文中，给出了两张表格分别就两种商品和三种商品的情形对 $CNCV$ 的值作了理论上的估计。在两种商品经济中，伯格森假设为 0.5，即消费者将全部收入在两种商品中平均分配。同时假设其中有一种商品实行垄断定价，这样可以认为该经济中垄断产业占有 50%。伯格森给出了下面的数据（见表 1）。

表 1　　　　　　　　　　两商品经济中 CNCV 的变化情况

σ	CNCV（%）		
	$\lambda = 1.1$	$\lambda = 1.2$	$\lambda = 1.3$
（1）	（2）	（3）	（4）
0.5	0.06	0.21	0.43
1	0.11	0.41	0.86
2	0.23	0.83	1.73
4	0.45	1.66	3.43
8	0.90	3.20	6.38
16	1.70	5.47	9.95
32	2.85	7.58	12.46
64	3.86	8.8	13.74

---

① 关于公式的详细推导，见 Bergson（1973）。

表 1 中数据只能看做是对垄断造成的福利净损失的理论估计。如果具体到某一个经济体或者产业，则需要估计消费者收入的分配比例、商品替代弹性以及垄断价格偏离竞争性水平的幅度，上述工作的难度以及公式的复杂性使 Bergson 的方法难以付诸实践。但理论价值却不容忽视，因为其给出的数据充分证明了垄断对消费者福利的负面影响。极端情况下，如果垄断价格是竞争价格的 1.3 倍，商品替代弹性为 64.00 时，社会福利净损失将达到国民收入的 13.74%。

虽然上述两种估算方法的公式不同，但均依赖于商品的弹性。在哈伯格的公式中，需要估计商品的需求弹性。在伯格森公式中则需要商品的替代弹性。而且，在最初的研究中，弹性的数值都是外生给定的，如哈伯格假设需求弹性为 1，而伯格森将替代弹性设定为几个数值。对这两种思路中的弹性概念，Worcester（1975）作了更为深入的讨论。他认为在哈伯格的公式中，并未考虑边际收益、需求弹性和垄断价格之间的关系，而且忽略了企业需求弹性和产业需求弹性数值的不同。Cowling 和 Mueller 的研究则解决了 Worcester 提出的问题。二位学者基于垄断企业利润最大化动机的定价行为，把需求弹性与边际收益联系起来，使企业层面的需求弹性内生化，省去了估计需求弹性的工作，简化了哈伯格公式。同样，伯格森公式中的替代弹性也是外生给定的，割断了其与垄断企业利润最大化定价机制的联系。而 Carson（1975）对该方法的发展和完善一定程度上解决了上述问题。他将需求弹性引入公式，并且将垄断企业边际收益等于边际成本的定价机制纳入公式体系。经由 Carson 完善后的 Bergson 公式虽然满足了理论要求，但在付诸应用方面仍未有所突破。

三 垄断企业的内部效率损失

Leibenstein（1966）提出了著名的 X—效率（X - efficiency）理论，分析了企业内部经营效率损失。他认为以往学者的研究工作将注意力集中于资源的配置效率，而忽视了更为重要的非配置效率。这种非配置效率具体是什么，当时尚不明确，Leibenstein 仅将其称为企业内部经营效率。Leibenstein 认为，此前学者对福利三角形所做的估算都是基于新古典主义经济学假设，即所有企业能够有效地购买和使用生产要素从而实现利润最大化。也就是说基于新古典经济学的研究工作，假设企业具有内部 X—效率仅仅考察市场配置效率变化对社会福利的影响。但在现实中，由于存在 X—非效率使得企业内部的投入产出并非按照成本最小化进行，实际的长期平均成本处于完全竞争水平之上。对于为什么会存在 X - 非效率，Leibenstein 给出三个原因：（1）劳动合约不完备；（2）企业内部的生产函数不确定或者未知；（3）投入要素并非由市场渠道获取。即使通过市场购买，交易条件也会因交易对手的不同而变化。他最后认为，企业单位成本的高低一定程度上取决于 X—效率，而 X—效率水平高低依赖于企业承受的外部竞争压力和其他激励性因素。可以看出，引起 X—非效率的三个原因是普遍存在的，即使是竞争性企业也会面临 X—效率低的情况，而不受竞争压力的垄断企业内部会存在更明显的 X—非效率。X—效率理论的提出为研究垄断的福利损失提供了新的角度和方法。

弗朗茨（Franz，1993）进一步完善了 X—效率理论。弗朗茨通过大量经验数据论证了 X—非效率的普遍存在及其对经济发展的影响。他将管制下垄断企业较高的成本可以划分为较高的工资和 X—非效率。在弗朗茨看来，寻租理论学者否认垄断企业不存在 X—非效率是不恰当的。寻租经济学（下文将详细说明）中假设垄断企业长期是按照最小成本进行生产，其研究对象也就顺其自然的集中在垄断租金耗散上。而 Leibenstein 和弗朗茨的研究说明，垄断的社会成本不仅包括哈伯格三角形和 Tullock 四边形，还应包括 X—非效率导致的效率损失。但对于如何估算垄断企业内部效率损失，两位学者并没有给出明确的方法①。

四　垄断租金寻求中的社会成本

（一）竞争性寻租

Tullock（1967）从理论层面对哈伯格的结果提出了质疑。与 Leibenstein 不同，Tullock 主要考察了垄断利润转化为社会成本的问题。他认为用哈伯格模型仅能估算三角形（见图 1）所代表的福利损失，而哈伯格三角形左边的四边形被忽视。垄断企业通过垄断势力占有部分消费者剩余即四边形构成企业的垄断利润。表面上看，此部分剩余只是由消费者到生产者的转移，但在 Tullock 看来，生产者并未实际占有此部分剩余，而是在追求和维护垄断的过程中将其耗费而转化为社会成本，被称为图洛克四边形（Tullock Trapezoid）②。

在分析垄断利润如何被浪费时，Tullock 以"偷窃"行为为例解释了这一过程。偷窃直接导致社会财产的转移，似乎并无福利损失，但耗费了社会成本。类似的，面对垄断利润，潜在的垄断企业会投入与垄断利润相当或更多的稀缺资源以获取垄断地位。在位企业则会投入资源维护垄断地位。与此同时，

---

① X—效率理论一直受到来自寻租经济学和新制度经济学的质疑。弗朗茨曾作出反驳。但从 Leibenstein 给出导致 X—非效率的原因看，劳动合约的不完备性问题一定程度上就是新制度经济学中的交易成本问题。在这一点上，X—效率理论与新制度经济学有一定的替代性。

② Tullock 认为，"识别并衡量这些资源并非易事"，并未给出估算社会成本的方法，但却提出了寻租的最初思想。Krueger（1974）通过构造更为正式的竞争性寻租模型分析了国际贸易领域中的寻租活动所造成的社会成本，并通过模型得出寻租成本等于租金价值的结论。Krueger 的思想和方法能使经济学者核算政府干预的社会成本，极大地推进了对政府管制负面作用的理论分析和实证研究。克鲁格关于寻租行为及其社会成本的计算，因着眼于最具说服力的成本—收益分析，将一个规范性命题在很大程度上转化成了一个实证命题，从而最大限度地规避了规范性问题的困扰。

消费者可能会投入大量资源来阻止消费者剩余的转移。上述资源的投入从个人来讲可能相互抵消，但从社会角度讲则是纯粹的浪费。所以，Tullock认为垄断的社会成本应包括哈伯格三角形加上其左边的四边形，构成所谓的Tullock四边形。

Posner（1975）则构建了垄断和管制中的竞争性寻租模型，认为潜在垄断企业的竞争性寻租行为导致预期垄断租金全部耗散并转化为社会成本，垄断企业最后获得零利润。该结论基于以下假设：（1）获取垄断地位的寻租活动是竞争性的，潜在垄断企业投入资源寻求垄断地位直到边际寻租成本等于预期边际利润；（2）寻租所投入资源的长期供给是完全弹性的，排除了从投入资源中获取租金的可能；（3）寻租过程投入的稀缺资源并未带来有社会价值的副产品。基于上述假设，Posner认为垄断的全部社会成本包括Tullock四边形加上哈伯格三角形，并通过构建福利净损失与Tullock四边形的比例模型来估算社会成本。最后，Posner得出垄断的社会成本是国民收入的3.4%。

（二）租金耗散

在研究垄断的寻租经济学文献中，Posner（1975）首先构建了竞争性寻租模型，得出了租金在竞争中完全耗散的结论，即垄断的寻租成本正好与垄断租金相等。但租金完全耗散结论的成立依赖于寻租者可以自由进入和退出的假设，大量寻租者参与竞标使得寻租活动具有完全竞争的性质。关于Posner竞争性寻租成立的条件，Corcoran（1984），Higgins、Shughart和Tollison，（1985）等均有论述。而且，这一结果代表了长期竞争性寻租的均衡结果，说明Posner的均衡结果是基于假设条件下的必然结果。在考察实际寻租导致租金耗散程度时，假设条件是否满足应得到足够的重视。

现实中，政府如果计划将一项垄断经营权通过投标交由私人经营，在实际投标过程中却很难保证竞争性投标的实现，考虑到竞标者势力的不对称性，最后的结果可能是在不完全竞争中实现。Tullock（1980）通过构建一系列不完全竞争寻租模型考察了租金耗散的程度。他基于如下假设分别考察了寻租模型的结果。比如，寻租者是风险厌恶的，参与投标的数量受到限制以及不完全信息等。这些不完全竞争寻租模型结果或者是投标不足，或者过度投标。而Tullock（1985）对投标过程的博弈论分析则得出了投标不足的结论。

上述文献表明了在不完全竞争寻租模型中，确切的描述租金耗散的程度面临一定的困难，最后结果可能因情况而异，从而失去理论的一般性。关于投标不足的情况，其他的学者也有类似的研究，只是各自研究的基础有所不同。如Hillman和Katz（1984）基于风险厌恶类型的竞标者展开研究得出投标不足的结果。Rogerson（1982）在垄断企业比较优势的基础上考察了竞标过程，同样得出上述结果。而Linster（1993）则在竞标者连续进入的假设下得出投标不足的结果。但也应看出，考虑寻租活动组织形式以及寻租者风险类型后的寻租模型增加了估算垄断社会成本的难度。而且不同的垄断企业将面临各自不同的寻租博弈，这使得寻租模型在估算社会成本时失去了一般性[①]。

五　中国垄断的社会成本问题——行政垄断社会成本的核算

对于中国的自然垄断行业，除了有其自身成本特性外，还受到政府行政力量的保护，从而出现了我国部分垄断行业具有自然垄断与行政垄断的二元性（王俊豪、王建明，2007；孟昌，2008，2010）。这就是中国经济学界特别关注的行政垄断问题。中国的垄断主要表现为行政性垄断。行政垄断导致资源配置扭曲和社会福利损失的问题比其他垄断更为严重，找到一个能准确核算效率损失的模型和方法是反行政垄断的关键。国内学者在核算行政垄断的社会成本时，均以西方已有垄断模型为基础。部分学者运用前文所述的估算方法对我国行政垄断的社会成本进行了估算。但这方面的文献少，方法也因人而异，尤其在估算寻租成本方面，并未形成比较一致的认识。

（一）关于"行政垄断"界定的分歧与共识

行政垄断并不限于自然垄断行业。进入壁垒是垄断的直接原因，而目前的国有垄断企业实际上受两种进入壁垒的保护：一是来自市场的结构性进入壁垒（如成本的次可加性导致的自然垄断）；二是来自政府的行政性进入壁垒（Administrative Barrier to Entry）。在行政性进入壁垒保护下的企业，不论是否具有成本的次可加性导致的自然垄断，都具有行政性垄断的特征。因此，只要在行政性进入壁垒保护下的企业都是行政垄断企业（孟昌，2008，2010）。

已有文献对行政垄断并无一致的理解。英文文献中并未出现"Administrative monopoly（行政性垄断）"这一专门术语。仅有诸如"法定的垄断"、"政府造成的垄断"等描述性词语。而行政垄断在中国是一个被关注已久的问题，有典型的"本土化"特征。于良春（2008）认为行政垄断是指政府机构运用公权力对市场竞争的限制和排斥。余晖（2001）则将其定义为由法律或政府行政权力直接产生并受行政权力支持和保护的一种市场力量及其限（制竞争的行为。张维迎和盛洪（1998）将与行政垄断类似的垄断形式称为法定垄断，这种垄断是由政府的法律或政策产生。孟昌（2008，2010）认为，由于垄断意味着在位企业有一定程度的市场势力，而市场势力是进入壁垒保护的结果。因此，将行政性进入壁垒保护下的企业称为行政性垄断企业。而行政垄断实际上是指行政性进入壁垒的保护，或者说，行政性进入壁垒保护下的企业具有的市场势力就是行政性垄断。根据这一思路，行政垄断并不局限于自然垄断，也

---

① 关于租金耗散的文献述评和衍生概念的形式化界定，参见孟昌（2011）。

不局限于国有企业（尽管大部分是大型国有企业）。在这类行业中，即便潜在进入者突破了市场的结构性进入壁垒（如规模和技术），但由于行政性进入壁垒的阻碍，依然无法进入。在位企业的市场势力主要来自于行政壁垒的保护。上述概念虽然表述不同，但都指出行政垄断源于法律、法规或者政府强制力，与市场内生性的经济垄断以及自然垄断有本质区别。正因为行政性垄断源于政府或者法规，因此，对行政垄断社会成本的研究与核算一定意义上就是关于设租和寻租的代价核算的研究。

国内学者对行政垄断的概念、形成原因、表现形式、经济后果以及反行政垄断措施作了很多研究，如郑鹏程（2002）、杨兰品（2006）、石淑华（2006）、王俊豪和王建明（2007）等。但定量分析少，鲜有文献估算行政垄断的社会成本。在这些为数不多的研究中，由于对相关原始理论的理解存在偏差，估算方法也因人而异。但行政垄断极大地扭曲资源配置、造成福利损失的事实是容易被观察到的。为获得行政性进入壁垒下的排他权，在位企业往往接受政府的价格或数量管制，即这类企业以自由定价权换取了政府的保护性壁垒，会导致内生性的低效率。合理地估算其社会成本，能为反行政垄断提供有力的依据。

（二）行政垄断成本核算

1. 社会福利净损失

国内学者在估算行政垄断造成的福利净损失时，多数使用了哈伯格公式或CM公式，部分学者将基于两种公式得出的结果作为福利净损失的上下限给出其规模范围。刘志彪和姜付秀（2003）以30家行政性垄断上市企业为样本，利用股票市场的净资产报酬率作为正常的资本报酬率的估计值，估算出1997—2000年行政垄断行业的福利净损失占GNP比例为1.15%—2.75%。丁启军和伊淑彪（2008）基于2006年相关数据运用CM公式估算了11个行政垄断性行业造成的社会福利净损失，大约为13246.58亿元，占当年GDP的6.28%。姜付秀和余晖（2007）则基于6个行政垄断行业1997—2005年的年度数据，福利净损失占GNP的百分比作年度计算，结果表明这9年间该百分比平均值在0.612%—3.279%之间。杨骞（2010）在估算我国烟草行业行政垄断的社会成本中，利用1998—2008年数据得出福利净损失的规模范围是3434.16亿—6460.92亿元，占总社会成本的22.7%和24.09%。杨骞的结果表明，行政垄断造成福利净损失在总的社会成本中占有较大的比重。

2. 垄断企业内部效率损失

在估算内部效率损失时，丁启军和伊淑彪（2008）测算了电信行业的平均内部生产效率损失，并得出企业生产的相对效率值。相对效率值用 X 表示，X = 最小成本/实际成本。内部生产效率损失的估计值可以由实际成本 × $(1 - X)$ 求得，用主营业务成本代替实际成本。据此算出11个行政垄断行业造成的企业内部生产效率损失大约为 12959.25 亿元，占当年 GDP 的 6.15%。杨骞（2010）测算出经营—低效率损失合计为 10609.21 亿元。于良春和张伟（2010）在建立测算行政垄断强度及其效率影响的指标体系的基础上估算了行政垄断行业的效率损失，只将 X—非效率作为其中一项指标。这与 Leibenstein 的非配置效率有所不同。

　　3. 寻租成本与租金耗散

　　在估算行政垄断的寻租成本时，国内学者运用了不同的方法，所使用数据也存在差异。如胡鞍钢（2001）和过勇、胡鞍钢（2002，2003）利用"垄断租金＝消费量×（垄断价格－竞争价格）"估算了个别垄断行业在 20 世纪 90 年代后期垄断租金的数量，结果表明，电力、交通运输、民航以及邮电通信四个行业的垄断租金占 GDP 比例为 1.7%—2.7%。他们将寻租看做是腐败的一种形式，是政府创租的结果，并认为垄断租金代表了腐败导致的经济损失。刘志彪、姜付秀（2003）将税后利润与广告费之和看做垄断化的社会成本，得出垄断化成本占 GNP 百分比是 3.68%。姜付秀、余晖（2007）认为，行政垄断企业广告费用有限，在估算垄断化成本时将其排除，最后得出总的社会成本占 GNP 百分比在 5.3%—8.3% 之间。以上学者将垄断租金看做垄断化成本，也即寻租的社会成本。

　　杨骞（2009）同样认为，垄断租金会全部耗散，其耗散途径包括企业竞争性寻租成本，企业的低效率运营，行业职工高收入，主管部门的非正常开支等。关于我国行政垄断租金耗散途径，余晖（2001），过勇、胡鞍钢（2003）也持类似观点。但杨骞在估算电信行业的寻租成本时认为，竞争性寻租使得垄断租金与寻租成本相等，将二者之和作为寻租的成本，这一过程可能导致重复计算。除了将全部垄断租金看做寻租成本外，也有学者将超出正常水平的管理费用视为寻租成本。这种观点的逻辑基础是认为企业寻租支出最终要记入管理费用，寻租活动的存在可能导致管理费用非正常增加。如丁启军、伊淑彪（2008）将寻租成本支出归入企业管理费用支出，测算出的 11 个行政垄断行业寻租成本大约为 4485.732 亿元，占当年 GDP 的 2.13%。杨骞（2010）用同样的方法估算了烟草行业的寻租成本为 1083.02 亿元。

　　在估算行政垄断的福利净损失时，不同文献的方法有基本共识，只是计算过程中对数据的选择各有考虑。在估算寻租成本时，方法却不一致，对寻租成本概念的理解也有偏差。姜付秀和余晖（2007）将垄断利润全部看做行政垄断的社会成本。而丁启军和伊淑彪（2008）以及杨骞（2010）则将管理费用中高出正常比例的部分看做是寻租成本。杨骞（2009）将垄断利润与寻租成本之和视为电信行业租值耗散的规模，这实际上重复计算了寻租成本。考虑到后来寻租经济学文献中有关租金不完全耗散的论述，当前国内对行政垄断寻租成本的研究与相关理论的最新进展仍存在差距。有必要指出的是，经济学界对租金耗散不仅没有一个比较一致的认识，缺乏明确的界定，甚至是相互矛盾的。这导致了对这一问题实证研究结果的巨大差异。差异的原因是对租金耗散的理解和界定不同①。

六　结论与进一步研究的方法

行政垄断社会成本中哈伯格三角形的估算模型尤其是 Cowling 和 Mueller 的公式相对更为成熟，虽然有其自身的缺陷，但其直观简洁，所用数据容易获得的特点使得该模型被普遍使用。与此相比，对寻租成本的估算方法在国内学术界则没有共识。相关估算虽以寻租理论为基础，但其理论逻辑以 Posner 的竞争性寻租模型为基础，部分学者将全部垄断租金看做行政垄断的社会成本，忽视了后来的寻租理论中对租金耗散程度的研究成果。

即使考虑到寻租经济学中有关租金耗散程度的研究模型，在实际估算时也应该区分模型中的垄断与我国行政垄断本质差异。Tullock（1967，1980）、Posner（1975）、Hillman 和 Katz（1984）、Rogerson（1982）和 Linster（1993）中的垄断多数是政府授权的垄断。虽然从形式上看，都是政府通过行政权力或者法律规定的垄断，与我国行政垄断具有某些类似。但这些垄断经营权是通过特许经营权投标最终确定的，这与我国的行政垄断还有本质上的区别。比如，Tullock（1980）以及 Rogerson（1982）都运用投标博弈模型来分析租金耗散的结果。暗含了这样的假定：垄断经营权存在有效期，到期后政府与企业就经营权重新谈判，这时潜在企业加入谈判过程并参与投标。这种竞标机制可以压低垄断价格，使垄断租金在寻租或者护租的过程中耗散。但租金耗散的程度则依赖于竞标的组织形式，参与者的人数及其对待风险的态度。而我国的行政垄断行业主要包括石油、烟草、电力、电信、铁路以及航空等。而这些行业均为国有企业，不存在经营权的再谈判问题，也就不存在投标博弈中的租金耗散现象。考虑到我国垄断企业政企不分的特征，与其说是租金耗散，倒不如说是企业与管制者的租金分享。这种理解一定程度上可以解释行政垄断企业内部人员高工资和高福利的现象。

Tirole（1986）认为，寻租经济学并没有区分政治机构与规制机构，将政治体系作"黑箱化"处理，忽略了政治机构与规制机构的委托—代理关系。而且把重点放在了规制政策制定的需求方面，忽视了供给方面。他通过构造"立法机构（P）—监督人（即规制机构 S）—代理人（即垄断性企业 A）"的三层代理模型，分析了垄断企业与规制机构的合谋对立法机构给出的激励性方案的反应。通过对比合谋前后的信息完全与不完全的最优激励契约，Tirole 对垄断性企业的定价、租金向规制机构的转移支付（贿赂）问题进行了描述。与寻租经济学相比，泰勒尔的三层代理模型在描述政企合谋方面或许可能更有

---

① 关于租金的竞争性寻求与耗散的文献考证、详细讨论和形式化界定，参见孟昌（2011）。

优势，而且这也为企业的垄断租金在企业与行业管理部门之间的转移提供了分析工具，避免了将全部垄断租金归入社会成本的不足。也有学者在 Tirole 模型的基础上作了改进。比如 Kofman 和 Lawarree（1993）与 Laffont 和 Tirole（1991）分别对防范合谋机制作了系统性研究。Laffont 和 Martimort（1998）比较了集权与授权组织防范合谋的效率。Laffont 和 Meleu（2001）则以公共产品的供给为例，从规制分权的角度探讨了规制合谋的治理，并就该理论在发展中国家的运用情况作了重点分析。规制合谋理论是在新政治经济学分析范式下，基于信息不对称以及委托—代理理论来研究规制问题。

规制合谋模型对描述我国行政垄断行业政企不分的特征很有解释力。从实证研究的需求来看，该模型也可用以讨论行政垄断的租金问题。国内运用三层代理模型对我国行政垄断进行研究的文献相对较少，仍处于起步阶段。聂辉华和李金波（2006）基于我国现实对上述模型进行初步的本土化改进，构建了中央政府（委托人）—地方政府（监督人）—企业（代理人）三层代理模型，通过最优的防范合谋契约模型，解释了政企合谋的原因。干春晖和吴一平（2006）基于中国电力行业规制分权化的背景研究了地方规制机构与被规制企业之间的合谋问题，并对规制效果进行了计量检验，结果表明规制分权化导致了规制低效率。董志强和严太华（2007）应用 P—S—A 三层代理模型分析了公共领域的监察合谋行为，重点考察了有成本的合谋惩罚机制对防合谋合约结构的影响。任玉珑等（2010）运用委托—代理理论在扩展的"经济人"假设下对电力监管合谋行为及其成因进行了系统描述。张伟和于良春（2011）基于激励性规制理论构建了规制机构与垄断厂商间的重复博弈模型，并以该模型分析了行业行政垄断产生及维持的微观机制。上述文献均没有运用该模型对垄断租金在企业内部及行业管理部门之间的分配问题（租金耗散）作专门研究。考虑到我国深化垄断行业改革的背景，放松规制，建立有效监管机构的趋势，规制合谋理论在研究我国行政垄断的租金方面有重要价值。

参考文献

［1］丁启军、伊淑彪：《中国行政垄断行业效率损失研究》，《山西财经大学学报》2008 年第 12 期。

［2］董志强、严太华：《监察合谋：惩罚、激励与合谋防范》，《管理工程学报》2007年第 3 期。

［3］弗朗茨：《X—效率理论、论据和应用》，费方域等译，上海译文出版社 1993年版。

［4］干春晖、吴一平：《规制分权化对电力行业发展的影响——基于中国省级面板数据的实证研究》，《世界经济》2007 年第 2 期。

［5］过勇、胡鞍钢：《行政垄断、寻租与腐败——转型经济的腐败机理分析》，《经济社会体制比较》2003 年第 2 期。

［6］胡鞍钢、过勇：《从垄断市场到竞争市场：深刻的社会变革》，《改革》2002 年第 1 期。

［7］胡鞍钢：《中国 90 年代后半期腐败造成的经济损失》，《国际经济评论》2001 年第 5 期。

［8］姜付秀、余晖：《我国行政性垄断的危害——市场势力效应和收入分配效应的实证研究》，《中国工业经济》2007 年第 10 期。

［9］刘志彪、姜付秀：《我国产业行政垄断的制度成本估计》，《江海学刊》2003 年第 1 期。

［10］聂辉华、李金波：《政企合谋与经济发展》，《经济学（季刊）》2006 年第 1 期。

［11］孟昌：《行政性进入壁垒下的租金与逆向激励》，博士学位论文，中国社会科学院研究生院。

［12］孟昌：《规模经济不需要行政性进入壁垒的保护》，《经济理论与经济管理》2010 年第 5 期。

［13］孟昌：《租金的竞争性寻求及其耗散：基于经典文献的术语考证与概念界定》，《教学与研究》2011 年第 12 期。

［14］任玉珑、杨菲菲、周滢露：《从经济学视角看电力监管合谋》，《能源技术经济》2010 年第 4 期。

［15］石淑华：《行政垄断的经济学分析》，社会科学文献出版社 2006 年版。

［16］王俊豪、王建明：《中国垄断性产业的行政垄断及其管制政策》，《中国工业经济》2007 年第 12 期。

［17］杨兰品：《中国行政垄断问题研究》，经济科学出版社 2006 年版。

［18］杨骞：《行政垄断租值耗散的理论与实证研究》，《中南财经大学学报》2009 年第 3 期。

［19］杨骞：《我国烟草产业行政垄断的社会成本估算》，《当代财经》2010 年第 4 期。

［20］余晖：《行政性垄断何时终结》，《科技日报》2001 年 4 月 25 日。

［21］于良春：《反行政性垄断与促进竞争政策前沿问题研究》，经济科学出版社 2008 年版。

［22］于良春、张伟：《中国行业性行政垄断的强度与效率损失研究》，《经济研究》2010 年第 3 期。

［23］张伟、于良春：《行业行政垄断的形成及治理机制研究》，《中国工业经济》2011 年第 1 期。

［24］张维迎、盛洪：《从电信业看中国的反垄断问题》，《改革》1998 年第 2 期。

［25］郑鹏程：《行政垄断的法律控制研究》，北京大学出版社 2002 年版。

［26］Bergson, A., 1973, "On monopoly Welfare Losses". *American Economic Review*, Vol. 63, No. 5, pp. 853 – 870.

［27］Bhagwati, J. N., 1982, "Directly Unproductive Profit – Seeking (DUP) Activities". *The Journal of Political Economy*, Vol. 90, No. 5 (Oct.), pp. 988 – 1002.

［28］Buchanan, J. M., 1980, "Rent Seeking and Profit Seeking", in J. M. Buchanan, R. D. Tollison and G. Tullock (ed.) *Toward a Theory of the Rent Seeking Society*, Texas A&M Univ. Press, Chapter10, pp. 183 – 194.

［29］Carson, R., 1975, "Association on Monopoly Welfare Losses Comment". *The American Economic Review, Vol. 65, No. 5 pp. 1008 – 1014.

[30] Corcoran, W. J. , 1984, "Long – run Equilibrium and Total Expenditure in Rent – Seeking". Public Choice, 43: pp. 89 – 94.

[31] Cowling, K. and Mueller, D. C. , 1978, "The Social Cost of Monopoly Power". Economic Journal, Vol. 88, No. 352, pp. 727 – 748.

[32] Harberger, C. , 1954, "Monopoly and Resource Allocation". American Economic Review, May 44, pp. 77 – 87.

[33] Hillman, A. L. and E. Katz, 1984, "Risk – Averse Rent Seekers and the Social Cost of Monopoly Power". Economic Journal, 94: pp. 104 – 10.

[34] Kofman, F. , Lawarree, J. , 1993, "Collusion in Hierarchical Agency". Econometrica, 61: 629 – 656.

[35] Krueger, A. O. , 1974, "The Political Economy of the Rent Seeking Society". American Economic Review, 64, pp. 291 – 303.

[36] Laffont, J. J. , Martimort, D. , 1998, "Transaction Costs, Institutional Design and the Separation of Powers". European Economic Review, 42: 673 – 684.

[37] Laffont, J. J. , Meleu, M. , 2001, "Separation of Powers and Development". Journal of Development Economics, 64: 129 – 145.

[38] Laffont, J. J. , Tirole, J. , 1991, "The Politics of Government Decision – Making: A Theory of Regulatory Capture". Quarterly Journal of Economics, 106: 1089 – 1127.

[39] Leibenstein, H. , 1966, "Allocative Efficiency vs. X – Efficiency". American Economic Review, 56, pp. 392 – 415.

[40] Linster, B. G. , 1993, "Stackelberg Rent Seeking". Public Choice, 77, pp. 307 – 321.

[41] Littlechild, S. C. , 1981, "Misleading Calculation of the Social Costs of Monopoly Power". Economic Journal, 91, pp. 348 – 368.

[42] Long, N. V. and Vousden, N. , 1987, "Risk – Averse Rent Seeking with Shared Rents". Economic Journal, 12, pp. 971 – 985.

[43] Posner, R. A. , 1975, "The Social Costs of Monopoly and Regulation". Journal of Political Economy, 83, pp. 807 – 827.

[44] Rogerson, W. P. , 1982, "The Social Costs of Monopoly and Regulation: A Game – Theoretic Analysis". The Bell Journal of Economics, Vol. 13, No. 2, pp. 391 – 401.

[45] Schwartzman, D. 1960, "The Burden of Monopoly". Journal of Political Economy, 6 : pp. 259 – 264.

[46] Stigler, G. , 1956, "The Statistics of Monopoly and Merger". The Journal of Political Economy, Vol. 64, No. 1, pp. 33 – 40.

[47] Tirole, J. , 1986, "Hierarchies and Bureaucracies: On the Role of Collusion in Organizations". Journal of Law, Economics and Organization, No. 2, pp. 181 – 214.

[48] Tollison, Robert D. , 1982, "Rent – seeking: A Survey", Kyklos 35, pp. 575 – 602, and in Tollison, Robert D. and Roger D. Congleton (ed.) The Economic Analysis of Rent Seeking, Edward Elgar Publishing Ltd. , 1995, pp. 74 – 101.

[49] Tullock, G. , 1967, "The Welfare Costs of Tariffs, Monopolies and Theft". Western Economic Journal (Now Economic Inquiry) No. 5, pp. 224 – 232.

［50］Tullock, G., 1980, "Efficient Rent Seeking", in J., M. Buchanan, R. D. Tollison and G. Tullock（ed.）*Toward a Theory of the Rent Seeking Society*, Texas A&M Univ. Press.

［51］Tullock, G., 1985, "Back to the Bog". *Public Choice*, 46: pp. 259 – 264.

［52］Worcester, D. A., 1975, "New Estimates of the Welfare Loss to Monopoly: United States 1956 – 1969". *Southern Economic Journal*, Vol. 65, No. 5, pp. 1015 – 1023.

风险社会境遇下西方国家政府社会性
管制的强化及其启示

郭剑鸣

摘　要　20世纪70年代以来，西方国家普遍开启了以放松经济性管制、强化社会性管制的政府管制结构转型。这一趋势并非解制、增效那么简单的经济性变革，从政治学意义讲，它是西方国家开始步入风险社会引发的社会结构变化和新社会运动诉求共同推动的应对社会新风险的制度安排。其基本特征是：以风险社会为背景、以生活政治为主题、以社会性管制为主线，以对生产主义的反思和替代经济增长的模式，解决社会问题，实现社会稳定和国民幸福。这一模式提出的基本问题是：我们除了努力增长财富之外，还有什么别的手段可以应对越来越复杂的社会风险。这对正处于社会转型中的我国社会管理创新和政府职能转变有重要的启示意义。

关键词　风险社会　社会性管制　社会管理

幸福经济学家麦基本（2010）曾对西方国家数世纪的现代化进程中重生产主义和财富崇拜提出过这样反思性的设问："我们一心一意致力于增加财富，却没有因此变得快乐。两瓶啤酒让我们觉得很好，因此10瓶啤酒会让我们的快乐增加4倍。事实是如此吗？显然不是。"长期以来，西方国家重经济性管制所能提供的单一财富的增长已越来越难以抵御深度工业化对民众带来的复杂风险，也不能满足后现代社会民众的多元化诉求。20世纪70年代以来，西方国家便普遍开启了在经济增长之外的社会管理制度创新。以生活政治为主题，不断强化社会性管制，就是其中有代表性的制度变革。

一　风险社会的来临与西方国家社会性管制的兴起

放松政府管制的改革是西方主要国家"政府再造"的重要内容。在美国，

[作者简介] 浙江财经学院，杭州，310018。
[基金项目] 浙江省"政府管制与公共政策创新团队"。

自 1978 年的福特到现任的奥巴马，历届政府都建立由副总统领导的削减管制工作小组，持续地推进以废除过时的管制法令为核心的政府管制改革。正如Gore（1993）在报告中披露：仅在管制改革的头 20 年就"导致无数的管制被废除"。而英国、法国、德国、日本等其他工业国家则大力推进了以公用事业私有化为主题的解制改革。政府放松管制不仅成为现实的改革大潮，还获得当时广泛的学术支持。盖伊·彼得斯（2001）在概括西方政府改革趋势的基础上提出"解制型政府"是未来政府模式的重要选项的研判。一时间，解制时代来临的呼声四起。国内学者也大都将这场运动解读为"市场化"和"解制"运动。其实，这包含有很大成分的误读，西方国家政府管制改革只是结构性转型而非解制。

西方国家当时放松规制的改革，主要表现在两个方面：一是针对传统官僚制近乎僵化的内部约束，限制了政府自身的管理效率和能动性，所废除的规制法令主要是政府内部运行的制度，而非政府对社会经济的管理政策。正如彼得斯（2001）自己解释说：在解制型政府模式中，"解制与经济政策无关，而是指政府本身的内部管理。解制型政府与 20 世纪 80 年代寻求减少并严格限制政府活动的政治主张是完全相反的"。其基本设想是：政府内部过多的规则阻碍了政府实现效率和效能的目标，通过取消政府内部的限制和制约，取消过程取向的控制机制，就可以更好地发挥政府机构的主动性和积极性，发挥其潜在的能力与创造力，提高政府工作效率。二是调整政府管制政策的结构，而非数量上的减少或退出。政府管制是一个政治、经济和社会紧密结合的话题。在政治上，管制改革涉及政府的进退，在经济上，它关注成本与效率的转移，而在社会上，它就成了福利、保障和安全的改变。西方国家自 20 世纪 70 年代以来推进的政府管制改革实践，可以概括为行政性管制搞活、经济性管制放松和社会性管制强化三个特征。

西方国家推进这样的政府管制结构性转型，既顺应了现代化进一步深入而引发的风险社会来临的背景，也契合了风险社会境遇下政府职能转型的逻辑。几乎在西方"新公共管理"运动兴起的同时，贝克、吉登斯和鲍曼等人在对西方现代社会的反思中孕育出了"风险社会"的概念，他们将风险描绘成未来社会的时代特征。"风险社会"思想的提出对当时正在开展的政府改革运动产生了重要的影响。比如，吉登斯的"人为风险—生活政治—积极福利"的理论与政策构想，成为布莱尔和英国工党的指导性理论。风险社会思想的基本逻辑是现代化充满不确定性，同时，现代化又被线性化为社会发展的必由之路，使得风险必定是叠加的、全球性的和无人幸免的。虽说"风险社会"概念本身仍有诸多歧义，但其逻辑推论已在最近数十年来的西方现代化进程中得到初步的印证，人们也越来越意识到："风险社会"将作为今后一种长期存续的社会形态。"风险社会"思想的出现，不仅限制了政府管制作为防范风险和组织社会防范风险重要工具的退出或减弱的空间，而且揭示出政府管制和社会管理重心转移的方向，即放松经济性管制和强化社会性管制。一般而论，经济性管制与社会性管制的区分主要是效用不同。前者以减少市场失灵造成的稀缺资源配置的效率损耗，实现资源配置最优化为目的，而后者以保障劳动者和消费者的安全、健康、卫生、环境保护、防止灾害为目的，因而它也被称为 HSE（Health，Safety and Environmental Regulation）管制。但从政治学意义上分析，两者还有更重要的区分，即理念不同。前者是属于解放政治范畴的，履行着传统社会的政府职能，而后者属于生活政治的范畴，履行着后现代社会（风险社会）的政府职能。20 世纪六七十年代恰好是西方社会步入后现代社会（风险社会）的时间临界点，而这个时间点也成为经济性管制与社会性管制的"分水岭"。在此之前，西方国家的经济性管制是频繁和系统的，而社会性管制只是零星的。在此之后，完全反转过来，经济性管制几乎遭到了理论界与实务界的一致批判，"放松管制"（deregulation）的呼声四起，而社会性管制的重要性却日益得到人们的赞同，整个社会对社会性管制的需求不断上升。其实，这种转型并非偶然，因为，它契合了风险社会来临的步伐，符合民众对解放政治需求向生活政治需求转变的逻辑。越来越多的民众认识到，在风险社会，风险的来源不只是或主要不是贫困和财富的多寡，而是生产主义本身。拉图什曾以颇有穿透力的设问表达了民众的心声：世界上最富有的社会成员的人均收入是最贫穷国家人均收入的 50 倍，难道富裕国家的人们比贫穷国家的人们幸福 50 倍吗？西方一些国家不惜付出经济成长的代价强化社会性管制，就是对这一设问的积极回应。

二　生活政治：风险社会境遇下西方国家社会性管制的主题

"风险社会"与传统社会的本质区别是风险的来源和性质。综合贝克、吉登斯和鲍曼等人的观点，在"风险社会"，风险不仅仅是工业化的技术风险，更主要的是工业化带来的生活方式和制度化风险，前者属于外部性风险，是确定的，是可以按照技术进步的路径去防范的，而后者是人为的，具有很大的不确定性，难以按照线性的路径消除。为此，他们提出了生活政治的构想。按照吉登斯（1998）的说法，"相对于解放政治关注的是生活机会（life chances）而言，生活政治关注的是生活决定（life decisions）。这是一种如何选择身份及相互关系的政治。"在传统社会，生产要素配置缺陷—贫困—生产主义构成的因果路径三点一线的推进图式，使解放政治成为人类别无选择的政治需求。解放政治的使命就是生产增长、创造生活机会和摆脱物质贫困或剥夺。它支配着传统社会中政府理念、体系、制度、职能、行为方式和绩效评价的价值中轴。但是在风险社会形态下，社会演进的因果路径图式将会是另一番景象，即后物质主义—生活的自我化—社会冲突和生态破坏，社会风险主要不是供给短缺造成的，而是不合理的制度和生活方式人为造成的。因此，风险社会境遇下的政治主题和政府职能也将被赋予新的使命——生活政治，那就是引导公民怎样选择生活、如何重建社会团结以及如何对待生态问题。政府管制的理念和中心议题也逐步由生产主义支配下的有效供给向生活主义支配下的安全、优质和多元化供给转变。正如吉登斯（2000）所说："把生活政治看成是仅仅关心致富，将是一个基本的错误。"这种转向在西方有其重要的社会基础。

一方面，西方国家已开始普遍反思对生产主义的迷信。贝克（2002）用"有组织地不负责任"的术语表述了生产主义带来的制度化风险，指出为追求效率和经济成长，公司、政策制定者和专家结成的联盟"在肯定了解灾祸的真实性的同时，却否认其发生、隐藏其根源、阻止赔偿或管理"，"同时，没有人或组织对这些事承担特定的责任"。默里明确指出："在跨过了一个相当低的门槛后，收入提高的水平不会导致更大的幸福或者对个人生活的更大满足。起作用的是安全和自尊而不是财富和收入。"而 Bookchin（1986）直言，数世纪现代化带来的发展成就已经被人类与自然的分离以及随之而来的生态恶化抵消了，改变这种态势必须以深入修正我们的生活方式为基础，重建人与自然的和谐。麦基本（2010）更是发出了"发展与幸福不成正比"的呐喊。根据他的研究："1946 年，美国是世界前四大经济强国中最快乐的国家；30 年后，它在前 11 个先进国家中排名第八；再过 10 年后，在 23 个国家中排名第十，其中许多国家是第三世界国家。认为自己婚姻幸福、对工作和生活环境满意的美国人比例持续下降。"这种现象并不仅限于美国，"跟随美国走向富裕的其他国家，例如，英国在 1973—2001 年间国内生产总值增加了 66%，但是人们对生活的满意度没有丝毫改变。日本在 1958—1986 年间人均收入增加了5 倍，但是满意度没有增加。反而，许多地方酗酒、自杀和患抑郁症的比率却大幅增加"。概而言之，在社会发展进程中必须明白社会真实需要的变化以及政府应该满足社会需要的职责。用吉登斯（2000）的话说，"如果理想政府的目标是推动人们追求幸福的话，那么政府就必须关心公民的精神状态，而且不止是公民的物质财富水平。"而 Merchant（1992）断定，只有通过建立新的自然伦理和人的社会生活伦理，才能"为遵照新的社会前景和新的伦理改变世界提供力量"。所有这些反思都将人们的视野引入到对强化社会性管制的期待中。

另一方面，西方国家持续的工业化努力和福利国家制度的实施已引发社会结构的深刻变化，贫富对立的阶级分化格局趋缓，解放政治思维的社会基础逐渐松动，日益膨胀起来的中间社会层，他们改变了对富裕拥有的简单追求，转向追求自我实现、生存价值和生活质量，这种现象被高坂健次称做"质量政见"阶层的兴起，也是生活政治和社会性管制兴起的重要社会基础。各国中间社会层构成如表 1 所示。

表 1　　　　　20 世纪后半叶西方主要国家持"中层意识"的人口比例

单位:%

国家/年	上层	中上层	中中层	中下层	下层	中层合计
意大利 (1992)	2.2	12.5	70.5	10.8	3.0	93.8
法国 (1987)	1.8	10.8	61.2	18.9	6.3	90.9
德国 (1987)	0.9	15.9	53.7	21.5	3.4	91.1
荷兰 (1993)	11.2	32.5	44.4	6.5	3.8	83.4
英国 (1987)	0.4	7.2	53.6	28.1	8.1	88.9
美国 (1988)	1.5	16.7	54.4	21.6	5.2	92.7

资料来源:桥本健二:《阶级社会日本》,青木书店 2001 年版,第 51 页。转引自周晓虹主编《全球中产阶级报告》,社会科学文献出版社 2005 年版,第 191 页。

由此可见,西方主要国家在 20 世纪最后 20 年持"中层意识"的人数比均超过 80%。如此高比例的阶层,自然成为决定选举政治胜败的关键性票仓,他们的诉求不可能不对政府管制政策产生影响。人们甚至认为,"克林顿、奥巴马、普京、布莱尔、卡梅伦能够当选在很大程度上不是他们所代表的阶级及政治见解,而是他们是大众生活政治中的偶像"。正是因为越来越多的人关注生活质量、安全和生活价值胜于经济增长的价值,牺牲一些 GDP 增长的管制政策便自然而然地成为政府的重要选项。正如贝克 (2002) 所说:许多德国人希望德国更伟大,但成为"绿色"更是德国国家认同的一部分。

三　强化社会性管制:风险社会境遇下西方国家社会管理的主线

顺应传统社会向风险社会演进、解放政治向生活政治演进的逻辑,社会的主要风险将是不确定性风险,政府管制职能也将从贫困社会中调节民众物质供给上的保障性矛盾向后贫困社会中调节民众生活感受的满意性矛盾转变。比如,在传统社会,保障每天供给每人一斤米可以填饱他的肚子,人们就不会因饥饿而闹意见,但在后现代社会(风险社会),却不能保证他们不会因米质不好而降低满意的感受。被称为 HSE 管制的社会性管制正是应对此类风险、满足民众生活感受需求提升的基本手段,也成为西方国家在经济增长路径之外有效应对风险社会境遇下社会管理问题的主线。其基本特征如下:

其一,在管制理念上,社会性管制标准以生活政治为导向,随民众的生活感受需要逐步提高。一方面,当强化社会性管制与经济增长不能兼得时,集中体现生命、安全和健康优先的人文关怀准则。比如,欧美国家从 1990—2004 年的 15 年间,将汽车尾气排放标准从欧Ⅰ提升到欧Ⅳ,每一次提升都意味着空气污染物降低 30%—50%。美国 1997 年提出 PM2.5 空气监测强制标准,目前的标准严格到每立方米 10 微克,这几乎相当于我国公园环境下的空气洁净程度,防止该指标超标,意味着人均寿命提升 8.6 个月。但这些标准的每一次强制提升都无疑是以企业成本和社会发展成本成倍增加为代价推进的。根据王俊豪(2006)的研究,20 世纪 70 年代,美国仅就水和空气的净化问题制定的环保条例就达 7 万多条。以 1970 年开始实施的《美国空气洁净法》为例,该法将此前的 7 种限制性有害化工产品增加至 191 种,"对美国工商业界来说,到 20 世纪 90 年代末,为执行此法令每年花费 250 亿美元。"据估计,美国整个社会性管制的成本在 20 世纪 80 年代末,已经接近 1500 亿美元,仅环境规制就意味着减少 59% 的 GNP。一些国家在采用食品安全管制成本收益模型(该收益由食源性疾病风险减少、食品行业收益、消费者收益和政府收益组成)取舍和评估管制政策时,就遭到公众的批评,因为,食品安全不是一个简单的收益问题。另一方面,强化社会管制,提升安全、卫生、环保和产品质量等有益于民众生命健康的管制标准,还成为西方国家政党选举的关键性话题和政府机构改革的重要方向。比如,以生态优先、反对经济增长对生态破坏的绿色革命席卷欧美和澳大利亚、新西兰,并帮助一些国家的绿党组织获得议会议席甚至执政权。美国自里根时代结束以来,两党的选举纲领已渐失其意识形态色彩,取而代之以实用主义策略,即民调趋向,大到环保、小到老年人处方药这些实实在在的民生议题都成为影响选战的衡器。由于强化社会管制的需要,以及社会性管制所取得的实际成效,西方许多国家在 20 世纪 70 年代以来机构精简的总趋势下,仍然新设了许多社会性管制机构,并大幅度增加了这些机构的预算支出。

其二,在管制结构上,强化社会性管制与放松经济性管制密切联动,呈现两种管制形式一松一紧的转型趋势。一方面,放松经济性管制成为强化社会性管制的前提,因为,前者释放的经济动能,可以保证有效供给,使得社会性管制具备执行多中选优的标准的条件。20 世纪 70 年代以来,涉及经济性管制的法令基本上是放松性质的,而涉及社会性管制的标准则基本上是越来越严格的。另一方面,受财政平衡的约束,在政府管制成本有限增加的空间内,社会性管制所占的份额逐步上升,而经济性管制的份额则呈下降态势。以美国为例,1970—1991 年间,美国联邦政府投入经济性管制与社会性管制的经费和人力资源的结构变化显示(见图 1 和图 2):(1)美国政府管制性投入一直是增加的,20 年间总额增加超过 800%,这说明政府管制力度并未减弱,更谈不上政府管制退出之说。(2)社会性管制投入及从业人员规模在政府管制总投入和总人员规模中所占的份额呈上升趋势,它与经济性管制投入和人员规模的增幅明显呈"剪刀差"式分离,两者的比例结构也从 1970 年的 7:3 调整到 1991 年的 8:2。这说明政府管制改革并非简单的解制,而是管制结构的调整和转向。

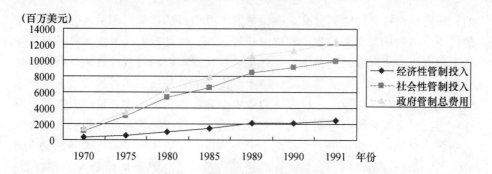

图1　1970—1991年美国联邦政府管制机构投入经费结构

资料来源：Viscusi, W. K., John M. Vernon and Joseph E. Harrington, Jr., 1995, *Economics of Regulation and Antitrust*, The MTT Press, pp. 39 – 44.

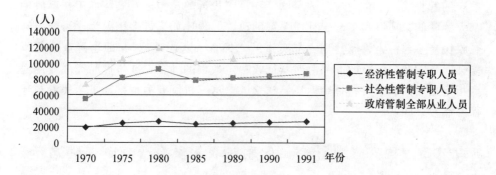

图2　1970—1991年美国联邦政府管制机构专职人员结构

资料来源：Viscusi, W. K., John M. Vernon and Joseph E. Harrington, Jr., 1995, *Economics of Regulation and Antitrust*, The MTT Press, pp. 45 – 50.

　　其三，在管制机制上，合作式管制成为强化社会性管制的基本模式。由于新风险所具有的不确定性和普遍性特征，从理念上讲，应对风险的机制也需要更具凝聚力。恰如贝克（2002）提出要"再造政治"以应对风险。其核心要义就是解构决策者与专家对风险的解释独占权，广泛吸收风险可能影响的各个社会结构加入应对风险的阵营。"风险问题已不再是科学家和专家的独占领域，危险的实质会随时随地表现出来，每个人都愿意并有兴趣来了解它。"从现实上讲，社会性管制毕竟要投入大量的成本，要限制或禁止企业、社会组织和公民的一些行为，同时，它也带来广泛的正外部效应，因而，有必要、也有可能建立由政府、企业和社会及公民四方参加的合作管制体系。正如 Kooiman（1993）所言，这一模式符合风险社会所要求的公私协力的基本精神，"它是一种涉及政府与民间社会互动关系的行为面、过程面、结构面的动态结合"，可以有效地防止风险分担过程中的目标冲突、信息不对称和"搭便车"现象。在具体运作过程中，合作式管制体系内部的分工和相互促进机制是科学有效的。政府负责社会性管制标准、政策的制定及执行的监管；相关企业参与标准的协商、提供标准实施的技术和成本核算信息，并在政府的政策辅导和财税激励下培育执行更高标准的自主性；社会组织接受政府的授权或自主进行社会性管制效果评估；公民则通过诉讼、举报、民调和选举投票等各种形式向政府不间断地提供各种违规信息。以强化职业安全和健康管制为例，该项管制明显有益于劳工安全与健康、也利于政党获取选票，是政府必须大有作为的社会性管制领域，但任何管制标准的提高都会大大加重企业成本，企业通常是被动应付的，而如果没有他们的积极参与，政府就得投入事倍功半的监管人力和财力，不然，这样的管制就难以执行到位。美国《职业安全与健康法》就制定了强制性、引导支持性和合作性三大执行机制。其中的合作机制成为基础性的运作机制，包括自愿防护计划、战略伙伴计划和联盟计划。该机制实施以来，不仅政府的管制成本、企业应对政府监管和员工投诉的负担以及实际的工伤事故率都大为降低，还有利于政企社民关系的改善。再比如，许多国家为尽可能多地吸收民众参与污染管制计划，都实施了"押金—返还政策"，即当民众购买可能会对环境造成污染的商品时对其征收一定数额的押金，在该商品完成效用送到指定地点回收时再将押金返还给送交人。这一机制有力地推动了全民参与环保管制政策的实施。

四　西方国家强化社会性管制对我国社会管理创新的启示

改革开放以来，我国先后进行过六次主题鲜明的政府改革。1982 年的改革，为适应政府工作重心的转移，主要解决机构臃肿和政企关系不清的问题，关键词是"减政"。1988 年的改革，为巩固农村改革和城市经济体制改革的成果，主要解决政府部门对企业干预过多、专业管理过细的问题，首次提出政府职能转变问题，关键词是"放权"。1993 年的改革，为适应市场经济发展的需要，主要解决部门管理向综合宏观管理方式转型的问题，关键词是"宏观调控"。1998 年的改革，为适应深化政府职能转变的需要，主要解决因政府机构设置不合理和政府机关办经济实体而导致的政府工作效能不高等问题，关键词是"提高政府工作效能"。2003 年的改革，为规范行业管理的需要，主要解决行政审批制度中的不合理问题，对国有资产管理、金融监管、食品药品、流通管理和安全生产等方面的体制进行了调整，关键词是"行业管理规范"。2008 年的改革，为适应我国社会经济又好又快发展的新形势，主要解决政府对社会管理和公共服务领域的一些突出问题，关键词是"大部制"改革。相对来说，我国在政府内部改革和政府调控经济的方式改革方面花费的精力多一些，但随着社会现代化的推进，搞活行政内部管制、放松政府经济性管制，逐步直面民生问题、强化社会性管制的趋势也十分明显。西方国家自 20 世纪 70 年代以来开展的以风险社会为背景、以生活政治为主题、以社会性管制为主线的政府管制创新，最重要的一个经验就是如何在经济增长减速、甚至滞胀的情况下，仍然保持社会的稳定、提高民众生活的幸福感。我国社会经济已连续多年高速增长，无论是社会境遇，还是民众需求，都发生了很大的变化，相应的，政府管制职能也需要积极转变。特别是，许多社会问题在经济高速增长的面前，可能会暂时"雪藏"，但经济减速是我国必须面临的考验。在经济增长之外，思考有效地强化政府社会管理职能的路径，对我国来说已是现实迫切之举，而非未雨绸缪之念。

其一，以风险社会为视阈，厘清社会管理新风险。创新社会管理的目的"是维护人民的权益，促进社会的公平正义，保持社会的良好秩序，保证社会既充满活力又和谐稳定"。要实现这一目标，首要一点就是要密切关注社会环境的变化，搞准可能危害社会稳定的新风险，有针对性地创新社会管理模式。"风险社会"形态虽然是特指 20 世纪六七十年代以后西方主要现代化国家的社会境遇，但按照当前线性式的现代化进程，北半球的大部分国家都会很快跨入其中。我国就正处于向这样的社会形态过渡的阶段。据最新公布的 2011 年我国省区 GDP 数据，上海、北京、天津的人均 GDP 都超过 1.2 万美元，达到中上等富裕国家的水平，而一些规格略低的发达城市，如广州、深圳、苏州、杭州等的人均值可能还更高。但与此同时，一些看似费解的现象也大量出现，人们的幸福感并未与经济增长同步提高。比如，产能扩大了但吃啥都觉得不安全了，逃离"北上广"现象增多了，在国内投资发展但选择在国外定居生活的人多了，物资丰富了但精神却浮躁了，钱多了内需却不够坚挺了，诸如此类，其实，就有明显的风险社会的迹象。因为，这些地区的人们面临的风险已经不是或主要不是物资的匮乏和数量的短缺等确定性的需求，而是快乐、安全和自我实现的生活空间等不确定性的感受需求。其原因既有政策性因素，也有人为性因素，即制度化风险和人为风险。比如，居民感受到的收入增长滞后于经济发展的现象，就与现行分配政策有关。据统计，"我国 1993—2007 年，政府收入占 GDP 的比重由 11.68% 增至 14.81%，增幅为 3.13 个百分点，企业的资本收益由 38.83% 增至 45.45%，增加 6.62 个百分点；而居民的劳动报酬占 GDP 的比重由 49.49% 降低至 39.74%，降幅为 9.75 个百分点"，这一趋势至今仍未明显改变。再比如，近年来，真正引起社会广泛关注的几类有代表性危机事件：非典、PX、三鹿奶粉，等等，既折射出民众对风险不确定的心理恐慌，又都表达了民众对健康、环保和食品安全的特别关注，是人为性风险的典型。当然，由于我国社会经济发展的不平衡性，在不同的地区影响社会稳定和和谐的社会风险也有很大的差异，在一些地方物资短缺的贫困性制约依然较为突出，而在另一些地方则是民众对生活质量的满足感欠缺，多数地方是两者兼而有之。因此，社会管理不能千篇一律地假设单一的贫困性风险，应鼓励和引导先发地区研究新社会风险，力争在保障民众良好生活感受基础上实现高水平的社会和谐，那种指望通过送温暖和调解纠纷就能谋求社会和谐的做法，充其量也只能实现低水平的社会和谐。

其二，以生活政治为理念，建构社会管理新机制。"政治从本意上讲不是国家的政治、政府的政治，更不是官员的政治，而是公众之事。公众之事的核心是生活，因此，政治形态的源头和依归就是生活政治，就是以提高民众生活品质和增加民众生活选择机会为重心的政治"。改革开放以来，在先富带动共同致富的政策引导下，特别是党的十六大明确提出大力发展中等收入阶层，我国民众的收入水平不断迈上新台阶，中等收入人群逐渐增多，尽管，不同地区的社会结构差异还较大，但在一些地区这一阶层已逐步成为社会最重要的社会结构。比如，"至 2011 年，八成以上的浙江人告别农业，浙江社会结构变化最显著的莫过于中产阶层加快形成，私营企业投资者、个体工商户以及各类经营管理人员、专业技术人员等群体持续扩大"。2010 年，北京中产阶层在社会阶层结构中所占的比例已经超过 40%，约 540 万人。随着社会结构的变化，大多数公众都会从数量性的追求转移到质量性和选择性追求上。而这些诉求并不是简单的增长和发展所能解决的。正如麦基本所说，"根据一般而言，最多在达到人均收入一万美元时，金钱可以购买快乐。超过这个点之后，金钱与快乐的关联性就消失了"。这一论点也许有偏激之嫌，但并非危言耸听。根据 2005—2010 年《小康》杂志社中国全面小康研究中心与清华大学媒介调查实验室在全国范围内展开的持续调查，"物价、医改、社保、食品安全、腐败、教改、房改、就业、收入分配改革和环保"是近五年来入选频次最多的中国民众最关注的十大焦点问题。而民众最痛恨的问题入选频次最多是腐败、制假、食品安全犯罪、黑恶势力和拐骗妇女儿童等问题。在这两类问题中，确实没有多少与经济增长有关的因素，倒是实实在在的生活问题占了大头。反过来，经济增长减速也未必就是引发民众痛苦、危及社会稳定的罪魁祸首。且不说，日本经历了 20 年的经济滞胀，社会也没有发生大的动荡。只要认真研究中国近年来最具幸福感的地区和城市的调查情况，就不难发现幸福感与经济增长的关联性的确被蓄意夸大了。同样，近年来，我国已很少发生民众因对经济增长失速、裁员等生活不保性因素而产生心理恐慌、闹出群体性事件的例子。可是，我们现在的体制和各级政府的工作精力依然有咬定增长不放松之势。无论是考核机制还是晋升机制都不恰当地强调了经济增长的分量。而真正防控和打击危害民众生活质量行为的机制则不太健全或没有动真格地执行。比如，2009—2010 年间在全国造成恶劣影响的三聚氰胺奶粉事件中，"查获的涉嫌生产销售数十吨三聚氰胺问题奶粉的主犯，最后只判了三年有期徒刑，而且缓刑三年"，以致执法机关也感叹："这样的打击力度不足以震慑犯罪，也不足以制止这种犯罪行为的继续发生。"而民众所需要的社会管理机制恰恰就是那些最能消除上述引发他们揪心的问题的机制，也就是如生活政治理念所指的保障民众生活质量、增加民众生活选择机会的机制。显然，要实现这样的机制创新需要自上而下地推进，要从顶层的管理机制改革着手，而非对街道、社区和居委会管理机制做一番调整所能奏效。

其三，以强化社会性管制为抓手，创新社会管理职能。随着我国现代化进程的深入，政府职能的重心无疑将从经济管理职能向社会管理职能转型，而且防控社会风险将成为政府最重要的社会管理职能。社会性管制正是政府履行上述职能的基本抓手。基于我国国情，以强化社会性管制促进社会管理创新，必须实现以下两方面的转型：

（1）政府管制工作的目标价值转型，确立以社会性管制优先的政府管制目标价值序列，建构政府社会管理职能的内容体系。我国现行的政府管制工作格局很大程度上存在重经济性管制、严行政内部管制（纵向集权于上级政府、横向集权于党委特别是书记），而社会性管制供给却相对不足的弊端。政府对社会性管制工作的人员、经费投入，以及对其绩效评价的重要性认识，在整个政府工作中的分量都不突出。社会性管制是社会管理的基本抓手，因而，政府社会管理职能也难以坐实。政府管制作为现代政府的基本治理工具，其目标价值序列应该反映政府工作的价值追求。如前文所述，我国各地区的社会境遇存在一定差异，这就决定各地、各级政府的工作目标价值会有不同，但我们同样必须正视安全感、健康、自尊和自我实现，无论对穷人还是富人都是短缺品，疾病传播、环境恶化、有毒食品也不会挑选富人还是穷人进行攻击。因此，不论何级、何地的政府都应该将公民生命安全、健康排在工作目标价值序列的最优先地位，应当将有限的资源首先用于加强以保障公民生命安全为目的的社会性管制，将医药卫生与健康的管制、取缔毒品等麻药的管制、防止劳动灾害、疾病的管制、保护消费者的管制、交通安全的管制、消防管制、环境保护的管制、产业灾害防治的管制、防止公害的管制、防止自然灾害的管制、提高教育质量的管制、提高福利服务的管制、文物保护的管制等纳入最基本的政府社会管理职能。尤其，在我们已经大范围步入小康的社会阶段之时，更应如此。在这个问题上，我国的一些先发地区已经开始对重"GDP"的工作思维进行反思。比如，"在北京两会上，GDP 的风头被 PM2.5 的议题牢牢'压住'。过去的一年，为限制机动车这一 PM2.5 最大来源的数量，北京市付出了市场销售额下降近千亿人民币的代价"。在上海，"将'GDP'增速视为脸面的思路也受到批评，为保障居民住房，上海房地产业付出了比上年下降 2.4% 的代价"。在广东，"重点谈论让民众共享改革发展的成果"。但是大部分地区仍然在走追赶"GDP"的老路，而没有将社会性管制、社会管理职能放在突出的位置。

（2）政府管制工作的方式转型，确立以合作式社会性管制为基本模式，改善政府履行社会管理职能的环境。政府社会性管制、社会管理职能虚化现象不只是观念重视不够造成的，还有社会性管制环境不好的原因，使得确定的管制标准难以坐实。而这又与政府"单打一"的管制方式有关。如果引入社会组织和公民合作参与社会性管制事务，相关问题就会迎刃而解。比如，一个受到小区居民谴责的违规排污企业，在政府独立管制模式下，该企业只要俘虏政府中的某些人就可以放心地排污了，而在社会参与管制的模式下，违规企业要想把小区的居民都搞定，除非它把排污标准降到国家标准值以内或者提供令小区居民满意的经济补偿。最近发生在江苏省环保工作检查中的一个例子就很能说明问题。江苏省一位副省长说："去年年底，他去检查各地环保工作，发现一些地方的环保部门，不是花力气执法，而是远远地开个车子跟在后面，省长到一个地方，这些地方官员就给企业打电话，报告省长到哪了。徐鸣说，过去去检查工厂违法排污，经常遇到开门放狗，现在不放狗了，但是检查组一到门口值班室，值班室就按个铃，进门后直奔污水处理口，到了那警铃还在响，副厂长已经跑来了赶快把污水处理口关掉了。"参与式社会管制模式不仅是风险社会境遇下，分担风险的最好模式，也是社会管理职能的应有之义。无论是收集风险信息、形成风险共识、厘定风险控制标准、投入控制资源，还是防控效果评估，离开社会公众的参与都不是真正意义上的社会性管制和社会管理。因为，它本身就涉及对公众行为的限制，同时又是真正利于公众幸福的限制。

参考文献

[1] 王俊豪：《政府管制经济学导论》，商务印书馆2006年版。

[2] 周小梅、陈楠希：《基于成本收益分析的食品安全管制》，《中国政府管制体制改革》，中国经济出版社2007年版。

[3] 张立平：《美国政党与选举政治》，中国社会科学出版社2002年版。

[4] 高世楫：《从发达国家政府监管职能的扩张历程看市场经济中政府职能的演进》，《中国政府管制体制改革》，中国经济出版社2007年版。

[5] 张红凤、杨慧：《西方国家政府规制变迁与中国政府规制改革》，经济科学出版社2007年版。

[6] 周黎安：《中国地方官员的晋升锦标赛模式研究》，《经济研究》2007年第7期。

[7] 郭剑鸣：《民生：一个生活政治的话题》，《理论与改革》2007年第5期。

[8] 鸣义：《共享发展？"北上广"六成被调查者说"没有"》，《第一财经日报》2012年2月3日。

[9] 李丽辉：《我国居民收入比重下降多省市上调最低工资标准》，《人民日报》2010年6月7日。

[10] 王中亮：《〈浙江省社会发展十二五规划〉发布》，《都市快报》2012年2月2日。

[11] 王尚：《公安部官员建议"严打"食品安全犯罪》，《福州晚报》2010年8月31日。

[12] 石小磊：《南京人均年吸尾气90公斤》，《扬子晚报》2012年2月12日。

[13] ［美］比尔·麦基本：《幸福经济：从"更多"到"更好"》，林丽冠译，海南出版社2010年版。

[14] ［美］理查德·雷恩：《政府与企业——比较视角下的美国政治经济体制》，何俊志译，复旦大学出版社2007年版。

［15］［美］盖伊·彼得斯：《政府未来的治理模式》，吴爱民、夏宏图译，中国人民大学出版社 2001 年版。

［16］［英］安东尼·吉登斯：《超越左与右——激进政治的未来》，李惠斌、杨雪冬译，社会科学文献出版社 2000 年版。

［17］［英］安东尼·吉登斯：《现代性与自我认同》，赵旭东译，生活·读书·新知三联书店 1998 年版。

［18］［德］乌尔里希·贝克：《风险社会再思考》，郗卫东编译，《马克思主义与现实》2002 年第 5 期。

［19］［日］高坂健次：《当代日本社会分层》，张玹等译，中国人民大学出版社 2004 年版。

［20］［美］小贾尔斯·伯吉斯：《规制与反垄断经济学》，冯金华译，上海财经大学出版社 2003 年版。

［21］［日］植草益：《微观规制经济学》，朱绍文等译，中国发展出版社 1992 年版。

［22］李洪鹏：《2011 年 GDP 成绩单：18 省份增幅放缓京沪浙靠后》，《法制晚报》2012 年 1 月 26 日。

［23］Al Gore, 1993, Creating a Government that Works Better and Costs Less. *Report of the National Performance Review* (Washington, D. C.: Government Printing Office, 1993).

［24］Murray Bookchin, 1986, *Toward an Ecological Society*. Mantred – Buffalo: Black Rose, 1986, pp. 1, 202.

［25］Carolyn Merchant, 1992, *Radical Ecology*. London: Routledge, 1992, p. 1.

［26］Kooiman, J., 1993, *Modern Governance: New Government – Society Interactions* (2nd). London: Sage, 1993, pp. 9 – 10.

食品安全治理制度：市场、法律，还是管制？

周小梅

摘　要　频发食品安全事件，不仅给消费者带来焦虑，且让食品企业也遭受严重损失。如何重振消费者对我国食品市场的信心以及维护食品企业的声誉，食品安全治理制度的建立和完善是关键所在。本文系统分析市场、法律和管制等食品安全治理制度的激励作用及各种制度在不同程度上存在的失灵。且通过不同治理制度间的对比分析，解释了我国食品安全事件"死而复生"的制度原因。本文强调，长期中，市场声誉机制将在激励企业提供安全食品方面起重要作用，这个过程中，法律和管制制度的建立和完善是确保食品安全不可或缺的补充。

关键词　食品安全　治理制度　激励作用　失灵

为满足消费者对更安全食品的需求，各国政府以及国际性机构都认识到应为食品安全承担相应的责任。尽管如此，面对国内外时有发生的食源性疾病，在食品安全问题上，我们还面临很大挑战。

我国这些年发生的食品安全事件，除了现代食品业的发展产生新的食品安全风险以外，多数食品安全事件是食品生产经营企业主观故意所致。诸如"三聚氰胺乳制品"、"瘦肉精猪肉"、"地沟油"和"毒血燕"等食品安全事件。这一系列的食品企业造假事件折射出我国食品企业信誉缺失现象非常严重，食品企业面临信誉危机。例如，连续的乳制品企业失信行为，已严重损害国产乳制品企业在市场中的声誉。近年来，尽管进口奶粉价格不断攀升，但国内乳制品企业在市场中的份额却不断减少。鉴于此，我们迫切需要建立有效的治理制度，以确保食品安全，这不仅有助于恢复消费者对国产食品的信心，而且也可让国内食品企业在市场中获得应有的声誉。

[作者简介] 浙江工商大学经济学院，杭州，310018。
[项目基金] 本文为 2011 年度浙江省哲学社会科学重点研究基地浙江财经学院"政府管制与公共政策研究中心"年度课题"基于企业诚信视角的食品安全管制问题研究"（11JDGZ03YB）的阶段性研究成果。

一 基于市场治理的激励及其失灵

食品安全问题是消费者在消费食品过程中产生的。如果消费者意识到单个食品具有安全特征时，企业则可与消费者对其食品的安全进行交易，据此，企业可从食品安全的投资和创新中获得收益（Goldsmith et al. , 2003）。或者说，当企业控制食品安全有回报时，企业就有自愿控制食品安全的激励，这时，通过市场激励企业控制食品安全是比较有效的。而如果消费者无法识别单个食品安全特征，或者说，生产者无法向消费者发送其食品的安全特征，他们就没有充足的激励在食品安全方面进行投资（Segerson and Kathleen, 1999），于是市场激励企业控制食品安全出现失灵。

（一）市场对企业控制食品安全的激励

在竞争性的食品市场中，企业对食品安全进行更多投资的激励主要源于两个方面，即通过与认证或标签相联系的声誉提升的需求推动，或是由于效率改善的供给推动。在许多情况下，这两种激励互相联系同时起作用（Henson and Northen, 1998）。而一旦发生食品安全事件，企业将面临召回食品、声誉下降、销售额减少、股票价值跳水、破产等经营危机。如何扭转这种局面，恢复企业的声誉，是食品事件发生后企业必须面临的挑战。显然，来自食品安全市场的供求将直接影响食品企业的市场占有率和利润率等（Rugman and Verbeke, 1998）。

在没有政府干预情况下，消费者和生产者可获得的信息以及企业由于食品安全事件对伤害进行赔偿实际应承担的责任决定了食品的产量水平和安全性。如果消费者和生产者都在不同程度上认识到来自食品安全事件的伤害，不管企业是否愿意为伤害全额支付，其决定都是有效率的。对于搜寻品和经验品①而言，在均衡状态下，即使缺乏功能健全的责任体系，市场也可为食品安全提供有效的激励。企业通过自愿实施食品安全控制对来自市场或消费者的压力作出反应。

相似的，企业会自愿地改变其产品或生产过程（例如转向有机农业），努力向消费者提供更安全的食品。

从食品企业角度来看，包括正面激励和负面激励。正面激励是指企业采取

---

① 根据食品安全信息的可识别性，可把食品分为搜寻品（食品安全信息在食用前即可确定）、经验品（食品安全信息在食用后才可确定）和信用品（食品安全信息在食用后也无法确定）。对具有搜寻品属性的食品，食品企业通常不存在隐藏食品安全信息的动机。而具有经验品属性的食品，通过消费者重复消费（大多数食品消费频率比较高），在市场声誉机制的作用下，食品企业一般会主动提供相关信息。对于具有信用品属性的食品，食品安全信息具有隐性或短期内难以被发现的特点，消费者很难通过消费食品发现这类信息。

食品安全控制措施后，出现生产成本降低、产品质量提高、市场份额扩大等与企业市场竞争力相关的各项激励因素。负面激励则是指如果企业的产品发生安全事故，消费者将采取规避购买的行为，这将使该企业的食品市场销路受阻，给企业直接带来经济损失；同时，企业还将承受来自市场方面的声誉贬损，从而影响产品未来的销路。

在食品市场中，可依靠声誉激励，使企业为消费者提供关于食品的真实信息。声誉激励是行为主体基于维持长期合作关系的考虑而放弃眼前利益的行为，对"偷懒"的惩罚不是来自契约规定或法律制裁，而是未来合作机会的中断。由于声誉的考虑以及对未来收益的预期，市场机制中的声誉与法律的强制性有同样的作用。如果企业关注将来的发展，想在消费者中间获得好的声誉，那么虽然食品市场中存在信息不对称问题，企业也会为消费者提供关于食品安全的真实信息。这是一种隐性激励。在声誉机制下，可通过市场激励企业确保食品安全。多数情况下市场机制十分有效，因为那些提供不安全食品的企业迟早会被消费者辨认出来，同时受到来自消费者的惩罚，这时对企业提供食品安全的管制，或来自法律的约束均没有必要。然而，声誉机制受到的限制是，如果声誉价值要大于欺骗的收益，那么，预期交易关系持续的时间必须相当长。也就是说，交易越频繁，时间期限越长，交易的赢利可能越大，建立和维持声誉的激励就越强。

从现实来看，由于企业生产更高安全水平的食品需要付出更多成本，如果企业可从生产更安全食品中获得补偿，竞争性食品企业（不管其位于食品供应链中哪个环节）显然愿意向消费者提供其所需求的具有安全特征的食品。

许多食品市场满足允许企业确立安全性声誉的条件。重复购买对于在国内消费的食品是比较普遍的。只要消费者交流食品安全信息或以较低成本获得食品安全信息。例如，通过口传、报纸、消费者信息公开等都可低成本获取食品安全信息。另外，餐饮联营的兴起让消费者不管远近可从同一家企业购买食品。

企业是否存在生产高质量食品的市场激励取决于企业对不可回收资产（专用资本）的投资。如果食品市场的进入壁垒较小（拥有完全可收回资本资产的竞争性市场环境），企业不能通过提高食品质量获得价格溢价，则企业就不存在提高食品质量的激励。反之，如果企业对专用资本（例如，品牌资本）进行大量投资，则与品牌资本相对应的是高质量食品。例如，一般来说，拥有知名商标（品牌资本的市场价值高）的企业更可能生产安全性高的食品。

需要注意的是，激励企业增加对品牌资本的投资主要是针对具有搜寻品和经验品特征的食品生产。这是因为，品牌资本本身已经对具有搜寻品特征的信息进行了披露。而对于经验品，尽管消费者在购买前不能辨别安全性，但通过消费，消费者可了解企业生产食品的质量（例如，消费者食用后由于毒物残留和细菌致病体导致急性疾病，此时消费者可对食品质量作出明确判断）。由于消费者在购买之后可掌握经验品的质量和安全特征，可通过市场重复消费对品牌资本价值进行评估。例如，通过多次重复消费，消费者可通过消费经验证实食品的安全性。如果食品的确是安全的，则会不断提升该食品品牌资本的价值；反之，食品品牌资本价值贬值。这种激励机制可使企业从更高食品安全中获得更高价格，显然可促进企业加大对品牌资本的投资。

对于有完全召回假设的经验品，重复博弈结构可引导最优的结果。而对于信用品，重复购买不会起作用，因为消费者甚至在消费后也无法判断其安全性。也就是说，在信用品的情况下，市场声誉机制失效。如果消费者不能识别质量，甚至是在购买后都无法了解产品质量，企业凭什么要对品牌进行投资呢？这种情况下，消费者无法精确地把某个特定食品与疾病联系起来。显然，提高食品安全性的市场激励失灵。

（二） 市场激励企业控制食品安全的失灵

通过前面的分析发现，在食品市场中，尽管市场机制对企业控制食品安全存在一定的激励，但是，鉴于食品安全市场中的信息不对称问题，尤其是具有信用品特征的食品安全信息，通过市场机制激励企业控制食品安全会出现失灵。

食品安全市场失灵的主要原因在于，食品安全投资会让企业承担大量的成本。因此，在向市场供给食品和安全过程中，由于安全的公共品特性无法从高昂的食品安全成本中把收益完全内部化，这就导致了市场失灵。

由于在鉴别某种食品的安全程度，以及确定消费哪种食品会对其健康产生不良影响等方面，消费者面临很多不确定性。这种情况下，通过市场过程很难获得更高的食品安全水平。即市场激励失灵。

根据经济理论，外部性会产生"溢出"。也就是说，收益或成本不能分别由生产者专用或从生产者那里收取。结果，市场无法有效运行。这是因为，与全社会有效的产出水平相比，在外部性是净收益的情况下，产量趋于生产得太少，在外部性是净成本的情况下，产量趋于生产得太多。例如，如果来自企业知识和技术是有效地用来最小化食源性疾病发生的可能性，则该活动的知识和技术以及用来进行与食品安全相关研发的支出是正外部性。然而，一定程度上，减少食源性疾病的收益对承担相关成本的企业是外部且是不可专用的，这样的创新没有提高其声誉并把他们变成潜在的领导者，这种情况下，企业可能对研发投资就过少 （Henson and Trail，1993）。

从食品安全信息角度看，消费者缺乏关于食品安全的信息以及生产者不愿意提供这样的信息导致食品市场严重的不完备，结果，其可能无法提供有效的食品安全水平。而缺乏适当的信息阻碍了确保生产高质量和安全食品的激励（Wiess，1995）。与信息相联系的公共品特征阻碍了市场产生风险信息的水平，降低了生产者提供这类信息的激励 （Viscusi，1989）。的确，在这些环境下，生产者的真正激励可能是隐藏风险性产品的信息，因为其很难向消费者销售危险产品。显然，市场中提供信息的不完备性一定程度上所有市场都存在，而在一些市场中问题更严重。因此，消费者处于十分不利的地位。

除了信息不完备导致市场声誉机制在激励企业控制食品安全方面产生困难外，在竞争性的食品市场中，某些特征可能导致市场声誉机制失灵。这些特征包括：一是没有重复交易，这就导致企业缺乏从满意顾客的重复交易中获取收益的激励。例如，与固定地址的经营者相比，流动摊贩经营者所销售食品的安全性相对较低。二是产业中低进入和退出成本，这会导致大量不需要沉淀成本的极短时间的经营者对声誉资本仅进行少量投资。例如，农贸市场生鲜蔬菜的经营者进入和退出市场成本较低，相比较而言，对声誉资本的投入缺乏激励。鉴于此，政府在设计管制制度时，应特别关注市场声誉机制难以发挥作用的领域。

尽管不同企业同时生产具有信用品特征的食品，但提供安全食品的激励存在差异。一方面，对于已经拥有声誉的企业而言，更有可能提供更高安全性的食品，因为这类企业一旦被查出存在食品安全问题，其声誉的损失将是巨大的。另一方面，对于那些本身就没有明显声誉优势的食品企业而言，供给不安全食品的成本较低，提供更高安全性食品的激励显然不足。

另外，在食品产业链中建立可追溯体系也可强化市场机制对企业控制食品安全的激励作用。这是因为，当食源性疾病很容易追溯到某个特定的源，或当食品安全与某个具有市场价值的特征（如产品保质期）联系到一起的情况下，私人显然存在改善食品安全的激励的①。可追溯性更可能针对有品牌的产品或当唯一可识别的来源（如餐馆）为许多顾客提供服务。有时这些私人激励会通过供应链反馈。有研究显示，食品生产者采纳 HACCP 体系就是为了满足下游顾客的需要。另外，企业存在采纳 HACCP 体系的激励以维护声誉和市场占有率。这样，对于管制者的挑战就是确定在什么环节进行干预可改善公众健康。

食品产业的组织安排形式各异，从纯粹的现货市场到完全的纵向一体化，通过各种合同协议进行交易。Williamson（1971）把信息成本作为企业纵向一体化的激励。他认为，当确保合同义务得到满足而签订合同的成本很高时，通过签订合同就不是一种可行的方法。例如，对于信用品其检测成本就很高。为解决信用品造成的食品安全问题，可通过调整企业边界，即通过食品产业链纵向一体化改变产业组织影响企业管理食品安全的能力也可解决食品安全问题。

---

① 2010 年 8 月媒体报道，少数南京市民患有"横纹肌溶解症"，而这些患者在患病前均食用过小龙虾，所有诊断结果是怀疑可能是由于进食小龙虾所致。但由于目前我国小龙虾的生产链尚没有建立食品生产追溯体系，所以尽管经过一段时间调查，但是这些小龙虾是否来源于同一产地？来源于同一生产企业？调查结果一直没有确定的结论。但如果有了食品生产溯源体系，即便不能迅速确认小龙虾导致横纹肌溶解症的具体病因，也能够确定危险源自哪里。如果事发前，小龙虾的生产链建立了食品生产溯源体系，则找到风险源应该就要容易得多。

例如，纵向一体化的奶制品生产和营销，企业就可了解生产中是否使用激素，并向买者提供信息（也就是保护产品质量特性），而这种组织形式的批发成本低于从不同生产者购买的牛奶批发商获取信息的成本。Hennessy（1996）构建模型说明食品生产和加工纵向一体化的激励。该模型说明过程控制技术和检测在质量控制方面怎样结合起来，以及技术特征可能对代理商和市场组织的经济行为产生的影响。该模型中，当加工企业从生产企业购买时会检测质量，生产企业可能选择对质量控制进行投资（例如，乳制品加工企业对细菌污染进行检测）。模型显示，当检测成本很高且不完全时，在生产者和加工企业间的市场价格反映了检测的不完备性。在极端情况下，检测成本很高，买者不愿意为质量支付额外费用，且生产者不愿意对质量控制进行投资。如果纵向一体化减少了决定质量的检测，其就相应地减少了与不对称信息相关的外部性，这样就可有效供给高质量产品①。但是，纵向一体化会产生协调成本，大量事实说明，农业通常以相对小规模生产者进行签约，而不是以纵向一体化的生产和加工方式进行生产，这种产业组织正是为了避免协调成本。显然，是否通过纵向一体化解决生产企业与加工企业间的关于食品质量信息不对称问题，应该取决于质量检测成本与协调成本间的比较。

当外部性和（或）不完备信息阻碍了市场提供最优的食品安全水平时，除了通过纵向一体化解决食品安全问题外，就需要借助其他制度的补充。通过市场声誉机制控制食品安全存在局限性。这时，为了控制市场的失调，可通过法律责任约束企业的行为。

二 基于法律治理的激励及其局限

在食品市场中，如果由于食品企业控制食品安全不当导致食源性疾病爆发，则可借助法律追究企业的责任，即通过确认问题食品对消费者造成的伤害，企业应对受到伤害的顾客进行赔偿。赔偿给企业造成的损失正是法律制度对企业控制食品安全的激励所在。

（一） 法律对企业控制食品安全的激励

法律也是激励企业控制食品安全的制度。法律可让每个人对自己的行为负责，把外部成本内部化，属于外部的强制性约束。通过责任的分配以及赔偿和惩罚规则的实施，法律将个人行为的外部成本内部化，诱导个人选择社会的最优行动。在一般合同或民事侵权的法律原则下，在消费食品的过程中，受到伤害的消费者可针对所受的伤害向法院提起诉讼。理想情况下，法官可很快地确

---

① 企业间的信息不对称问题通过在产业链内实施垂直一体化解决。然而，在消费者和生产者之间如何解决信用品问题则不可能通过这种方式。

认消费者是否受到伤害，并判定伤害程度，为消费者的损失提供补偿。也就是说，通过法律把企业在为消费者提供食品过程中可能对消费者造成伤害的成本内部化，以激励企业为消费者提供更安全的食品。

考虑到由于所销售食品造成伤害要承担责任的风险，企业存在生产具有安全特征食品的激励。侵权责任的经济理论是基于这样的思路，即责任可引导企业（可能的伤害者）所采取的预防措施（与企业食品相关的预期社会成本最小化）达到社会最优水平。规定预期的社会成本（采取预防措施的成本之和）为 $C(x)$，事件的预期成本为 $A(x)$。使 $C(x) + A(x)$ 最小化应该满足的条件是，采取预防措施的边际成本等于负的事件边际预期成本。有效的责任法规将引导企业正好达到预防措施水平。

我国食品企业失信行为的频发与食品企业违规成本太低、惩罚力度不够有着直接的关系。例如，在欧美国家，像肯德基等洋快餐企业在食品安全控制方面会很规范地操作，但近期在我国不断出现"豆浆门"等事件，这些洋快餐出现了"水土不服"。显然，如此的"水土不服"与不同的制度环境密不可分。在欧美国家，企业一旦出现欺诈或者卫生问题，将面临巨大处罚风险。而在我国，按照《食品安全法》的有关规定，如果违法生产经营的食品货值金额不足一万元的，将被处以两千元以上五万元以下罚款；货值金额一万元以上的，将被处以货值金额五倍以上十倍以下罚款。然而，这样的处罚力度很难伤到失信企业的筋骨。

Shavell（1987）认为，侵权体系能有效地发挥作用，必须满足以下条件：（1）受伤害个体（或群体）有激励向伤害者控告其造成的伤害；（2）伤害者有足够的资源支付其造成的伤害；（3）个体有足够证据证明对其造成的伤害。Shavell 强调，有时无法界定责任，也就是消费者很难了解或证明伤害的后果。消费者面对被细菌或有害化学物质污染的问题就属于这种情况。

也有批评观点（Huber，1988）认为，美国严格的责任法规导致安全的过度供给，而产品质量供给不足，因为企业为了避免潜在的高成本责任诉讼，宁愿选择不提供某种产品。Ulen 和 Johnson（1990）认为，法律责任和管制可能是互补的。Innes（1994）认为，由于不对称信息，在食品市场中，适当惩罚性赔偿的责任规程可能比法定标准更有效。

法律责任也用于研究开发的分析。法律责任可能阻止创新活动（Litan，1991）。创新取决于责任和其他因素产生的激励。Perrin（1997）分析企业生产被细菌污染食品时所面临的责任。在此模型中，责任增加了企业采用辐照的技术，这种技术可降低销售由于生产不安全食品的风险。法律责任在引导企业进行创新方面具有一定的引导作用。

（二）法律激励企业控制食品安全的局限性

尽管通过法律途径可在一定程度上激励企业控制食品安全，但是，正如前面所分析，该制度的有效执行必须满足相应的条件。或者说，在面对不安全食品进行投诉时，如果消费者要付出很高的交易成本，则法律制度存在局限性。

消费者可通过法院体系对消费食品企业生产的不安全食品的成本获得部分补偿。消费不安全食品受到伤害的当事人可起诉企业获得补偿（Antle，1996）。尽管这种讼案可能为企业提供了激励，即为了避免打官司成本、补偿成本以及诉讼的负面宣传，企业愿意生产更安全食品，但由于很难肯定地判断疾病是某种食品所致，所以该激励作用很有限（Buzby，Frenzen and Rasco，2001）。

除了信息成本，交易成本还以其他形式影响消费者在市场中的交易。特别是，面对不满意的产品或服务，消费者在进行投诉时，要面对相应的交易成本（包括时间机会成本），这种成本超出投诉的价值，甚至超出整笔交易的价值。小笔交易尤其容易出现这种情况，有时对于大笔交易也会出现这类情况。假设存在诉讼延期和成本增加的情况下，针对赔偿金的民事诉讼的威胁在很大程度上可能显得软弱无力。

Viscusi（1989）认为，在强制企业向消费者进行赔偿方面，因为民事责任法需要的证据较少，比刑法更有效。在刑事责任的情况下，要求原告拿出证据证明被告销售了让其患病的有缺陷产品。由于在整个食品供应链中所涉当事人很多，很难认定这样的证据。因为认定食源性疾病与一种特定食品以及特定企业的联系存在困难①，多数忍受食源性疾病痛苦的人从未寻求过法律补偿（Buzby and Frenzen，1999）。从科学角度看，与食源性疾病相关的复杂性不断增加会减少责任体系的有效性（Draper，1994）。并且在关于健康和安全的技术方面，法庭能力的有限性使这种情况恶化了（Viscusi，1984）。值得注意的是，大量食源性诉讼没有通过法庭裁决，而是在庭外调解解决。究其原因，一方面是为了节约法庭费用，另一方面也是为了避免通过媒体的关注对被告声誉造成损害。所有这些均说明，消费者只有在消费不安全食品受到很严重的或致命疾病的情况下才会请求法律的帮助，一般情况下，消费者是不存在为了金钱利益而诉讼的激励。

侵权行为的赔偿责任为企业采取适当的食品安全控制行动提供了激励，而激励的大小与企业必须支付的赔偿额相当。但是，各种障碍阻止了企业对与"风险性"行为相关真实成本的了解。结果，损害赔偿金不是实际受害者遭受所有伤害的可靠指标。并且，由于保险的医疗支出、政府健康计划等的成本转

---

① 在食源性致病菌的摄取与负面的健康影响间存在时滞（多数细菌要2—5天，且一些细菌和病毒要3—6个星期），为食品产业免除了起诉。另一个问题是，没有可疑食品针对污染进行检测，因为获取食品污染的证据可能存在困难，除非可能的原告已经保留了吃下去的所有食品的样本去检测致病菌。

移机制的普遍存在，可能降低了患者向对其疾病负责任的企业要求赔偿的激励。Viscusi（1989）认为，保险公司倾向于过度地赔偿较小的损失和痛苦，为的是快速解决这种要求，这样可避免进一步的行政和诉讼成本。

消费者通过借助司法程序起诉有关食品企业并惩处的前提是，必须清楚界定消费者受到的伤害是由于消费了该食品企业提供的食品所致。否则食品企业不可能承担相应的法律责任。但由于疾病本身的不确定性导致在确定疾病与食品间关系的过程中存在困难。

利用法律责任治理食品安全也有一定的负面性。第一，对起诉充满期待的消费者以及在费用合同驱使下的律师会由于琐碎的法律诉讼使该体系受阻。第二，信息、管理和其他交易成本会阻止受害者通过侵权行为的赔偿责任利用有效的要求权寻求赔偿。第三，企业会利用法律体系逃避责任，并限制监管食品安全的政府部门的管制权力。第四，在治理食品安全的背景下，可度量性问题、产品加工创新率高以及新食品安全风险的出现放大了信息问题，并降低了建立原因—结果—责任之间关系的可能性，这使得让违法者承认其违法行为存在困难，弱化了侵权行为的赔偿责任规范食品安全体系的能力（Sporleder and Goldsmith，2001）。

法律制度的不完善使得通过侵权行为的赔偿责任提供足够的激励获得食品安全的效率和有效性显然具有挑战性。也就是说，如果违规者预期其危害行为不会被发现以及被罚，侵权行为的赔偿责任体系就不会提供适当的激励促进企业采取预防性的食品安全行动，以减少受害者的损失。另外，针对各种案例，法律制度在专业性和市场数据方面可能需要大量并且是重复的投资。

在竞争性食品市场中，某些特征可能导致法律责任机制在激励企业控制食品安全方面产生困难。这些特征包括：（1）许多卖者是司法权之外的行为者，消费者通过法律获得补偿很困难；（2）卖者拥有很少可供强制执行判决的资产；（3）很少的交易量对于通过法庭寻求赔偿而言缺乏激励；（4）对消费者而言的"不良"交易的成本会被推迟，这使得事后赔偿无法让人满意（食用一些食品导致食源性疾病具有滞后性）。

当然，与责任法相关的缺陷并不意味着其在管理风险中不能起到积极作用。民事侵权行为的损害赔偿金可为生产者控制风险提供激励。一般而言，当发现被告负有责任时，可能减少损害赔偿的条件是：（1）在生产、处理和销售相关食品时还是"比较仔细"的；（2）在生产食品过程中采用尖端技术；（3）遵守阻止原告受到伤害的法律和管制。并且，通过偶尔的高成本对企业进行裁决，法规体系提供了较强的间接激励。这使得其他企业实施更多食品安全防范措施，或购买更多产品责任保险，尤其是企业所从事的业务具有相似性。

三　基于管制治理的激励及其不足

通过以上分析发现，在食品安全市场中，通过市场机制和法律责任制度在不同程度上对企业控制食品安全产生了激励。但由于市场机制和法律责任制度固有的缺陷，还需要管制作为补充，对企业生产安全食品产生激励。

（一）管制对企业控制食品安全的激励作用

食品安全管制是通过一系列强制性管制政策和手段，强化对食品生产、销售者个人利益最大化的制度约束，使之形成正确的价值取向和价值判断，作出符合社会总体利益的行为（蒋建军，2005）。

管制是政府以制裁手段，对个人或组织自由决策的一种强制性限制。管制主要是对资格或行动的限制（例如，制订食品安全标准）。针对食品市场而言，社会可建立一个管制机构，制订食品安全标准，并强迫企业按照标准提供食品，对没有服从食品安全标准的企业实施惩罚，以促进企业建立声誉机制。

（二）管制激励企业控制食品安全的不足

尽管管制被作为另一种社会制度来克服市场失灵，但政府政策本身会产生交易失灵，并会恶化市场中已有的失灵。分析发现，管制作为激励企业控制食品安全的制度存在先天不足。

1. 管制隔断了相应行为的成本与维持其收入间的联系。市场可把产生一种行为的成本与维持其收入联系起来。这种联系通过市场中的价格联系起来，该价格由选择是否买以及买什么的消费者支付。而管制的非市场活动隔断了这种联系，因为维持这种活动的收入来自非价格资源（例如税收）。缺乏这种联系就是使得非市场产量与生产这一产量的成本分离开来。此分离意味着资源配置不合理的范围扩大了。由于生产成本与维持其的收益产生了分离，最终导致低效率。也就是说，在管制机构决定利用公共资金从事某些活动时，其可能缺乏相应的责任。另外，部分管制政策可能不是为所有收入水平的消费者提供的，因为食品安全标准统一的性质包括所有产品形式。结果，在公共决策制定过程中，效率标准可能不会起到很大的作用（Wolf，1986）。

2. 管制会偏离独立性、公正性和责任性。针对食品安全的控制问题，作为解决消费者争端的制度安排，管制是市场机制的一种替代，从理论上来看，管制要确保独立性、公正性和责任性。但在现实中，政府在制定和执行管制政策的过程中难免会偏离这些基本原则。例如，2010 年 8 月发生的"金浩茶油"

被曝致癌物苯并（a）芘①超标事件，问题茶油其实在半年以前就被发现，但政府一直没有公开披露问题。事发后，相关质检官员称，没有及时披露问题食品的信息是为了维持稳定②。这种解释似乎有些勉强。2010 年 8 月 20 日，金浩茶油迅速在其网站辟谣称"公司承诺旗下主打产品金浩茶油系列高档食用植物油质量安全可靠，本次网络不实谣传不排除是竞争对手恶意炒作"。声明中还称"已主动与监管职能部门积极沟通"，将会发布权威信息。果然，第二天湖南省质监局就在官方媒体《湖南日报》发布了"茶籽油生产加工企业专项监督抽查结果"，不过标题就是《合格产品名单》，所附的 23 家企业 33 种茶油产品抽检结果均为合格，其中包括金浩公司的部分茶油产品③。从媒体报道的情况看，质监部门没有及时公布问题食品信息的根本原因更可能是被茶油生产企业所"俘虏"④。食品安全管制机构失去了应有的独立性、公正性和责任性。金浩茶油最后是在媒体不断曝光的压力下才向消费者道歉的。显然，出于不同的社会和政治原因，政府可能支持生产者的利益会超过支持消费者的利益。鉴于此，在信息化时代，公众、媒体的监督应该是对管制者进行"管制"的有效手段之一。

3. 管制运行产生大量成本最终转嫁给消费者。从前面对食品安全管制的成本收益分析可看出，食品安全管制制度的运行需要大量成本投入，也就是说，食品安全管制在执行和投诉处理方面，政府面临着很大的财政预算的约束，而这些制度运行成本负担最终施加在消费者的身上。另外，政府旨在弥补市场失灵也可能产生没有预料到的影响（"引致外部性"），创造这些外部性的机构没有认识到这些问题，并且没把相应的成本考虑进去。

4. 管制存在时滞。尽管食品安全管制分为事前和事后管制，但出于各种原因，政府更多地热衷于针对事后的"经验品"特征的食品进行检测。这就使得食品安全管制出现严重的时滞和不可忽视的伤害问题。

5. 管制面临信息不对称问题。由于生物技术的进步和致病菌新类型的发现，会让政府食品安全管制机构在获得精确信息和数据方面存在困难。鉴于食品安全特性变得越来越复杂，政府在获得相应的食品安全信息特征方面，政府与企业之间同样存在信息不对称问题。在不断出现的食品安全事件中，有不少食品安全问题的发现都是经"业内人"曝光才大白于天下的。

---

① 苯并（a）芘又称苯并芘，是一种常见高活性间接致癌物，它不具直接致癌性，经细胞微粒体中的混合功能氧化酶激活才具有致癌性。

② 廖爱玲、杜丁：《湖南质监局未及时披露问题茶油，称为维持稳定》，《新京报》，http：//business. sohu. com/20100902/n274647205. shtml，2010 - 9 - 2。

③ 《金浩茶油隐瞒质量问题超半年　曾携手质监局辟谣》，汉网—《武汉晚报》，http：// finance. qq. com/a/ 20100905/000436. htm，2010 - 9 - 5。

④ 管制俘虏理论认为，政府管制是为满足产业对管制的需要而产生的（即立法者被产业所俘虏），而管制机构最终会被产业所控制（即执法者被产业所俘虏）。

四　结论

在市场经济中，信誉机制是维护市场正常运行的基础，同时，信誉也需要制度环境的支持。随着经济的发展，社会分工越来越细。具体到食品市场，则是一种食品作为最终消费品，可能涉及多家甚至数十家食品企业生产和加工。而市场中食品的买卖关系本质上就是委托—代理关系，存在明显的信息不对称问题。在利润导向下，食品企业存在利用信息优势向消费者提供不安全食品的动机。企业主观故意提供不安全食品，其实质是隐藏食品安全信息，是信誉的缺失。

食品市场发育不成熟，法律和管制制度的不完善是我国食品安全事件屡屡发生的根源所在。为激励企业提供安全可靠的食品，从长期来看，随着我国食品市场不断成熟，市场声誉机制对食品企业的激励作用将会发挥越来越重要的作用。在短期内，我们则应通过完善法律和管制制度对提供不安全食品的企业形成约束。具体而言，一方面，从法规体系的制定与执行来看，必须加大处罚力度，提高失信的食品企业生产经营不安全食品的直接成本。另一方面，从管制体系来看，应及时向消费者披露关于企业所生产经营食品的真实信息，让诚实守信的食品企业在市场中获得应有的回报，与此同时，让失信的食品企业在市场中受到应有的惩罚。

显然，只有通过市场、法律和管制等治理制度间形成"无缝对接"，才可为食品安全"保驾护航"。

参考文献

［1］Buzby, J. C. and P. D. Frenzen, Food Safety and Product Liability. *Food Policy* 24, 1999.

［2］Buzby, J. C., P. D. Frenzen and B. Rasco, *Product Liability and Microbial Foodborne Illness.* Agricultural Economic Report No. 799. Economic Research Service, United States Department of Agriculture, 2001.

［3］Draper, J. M., *Liability for Injury or Death Allegedly Caused by Spoilage, Contamination, or Other Deleterious Condition of Food or Food Procuct.* Lawyers Cooperative Publishing, Rochester. New York, 1994.

［4］Goldsmith et al., Food Safety in the Meat Industry: A Regulatory Quagmire. *International Food and Agribusiness Management* Review 6 (1), 2003.

［5］Henson, S. J. and J. Northen, Economic Determinants of Food Safety Controls in the Supply of Retailer Own – Branded Products in the UK. *Agribusiness* 14, 1998.

［6］Henson, S. J. and B. Trail, Market Imperfections and the Role of Government. *Food Policy*, 1993.

［7］Rugman, A. M. , A. Verbeke, Corporate Strategies and Environmental Regulation ［J］. *Strategic Management*, 19, 1998.

［8］Segerson, Kathleen, Mandatory versus Voluntary Approaches to Food Safety. *Agribusiness* 15 (1), 1999.

［9］Viscusi, W. K. , Toward a Diminished Role for Tort Liability: Social Insurance, Government Regulation and Contemporary Risks to Health and Safety. *Yale Journal of Regulation* 6, 1989.

［10］Viscusi, W. K. , Struturing and Effective Occupational Disease Policy: Victim Compensation and Risk Regulation. *Yale Journal of Regulation* 2, 1984.

［11］Sporleder, T. L. and P. D. Goldsmith, Altenative Firm Strategies for Signaling Quality in the Food System. *Canadian Journal of Agricultural Economics* 49 (4), 2001.

［12］Wiess, M. D. , Information Issues for Principal and Agents in the Market for Food Safety and Nutrition. In: Caswell, J. A. (ed.) *Valuing Food Safety and Nutrition*, 1995.

［13］Wolf, C. , *Markets or Governments: Choosing Between Imperfect Alternatives*. Prepared for the Alfred P. Sloan Foundation, Santa Monica, California, 1986.

［14］蒋建军:《论食品安全管制的理论分析》,《中国行政管理》2005 年第 4 期。

削减家庭直接碳排放的干预
政策及其实施效应
——发达国家的相关实验研究述评

王建明

摘　要　20世纪70年代以来，通过现场实验对家庭能源节约和直接碳排放削减的干预政策进行研究在经济发达国家得到了理论界的高度重视。本文主要对相关实验研究文献进行回顾并评析，以便为设计相应的干预政策提供思路，同时为进一步提高干预政策的有效性提供借鉴。研究发现：总体上削减家庭直接碳排放的干预政策分为前置政策和后继政策两大类，或者分为心理策略（即信息策略）和结构策略两类；目标设定、诱导承诺和提供信息等前置政策对削减家庭直接碳排放往往是有效的；经济激励和结果反馈等后继政策在短期内（实验期间）是削减家庭直接碳排放的有效方式；不同干预政策的成本和收益不尽一致；特定干预政策的有效性有一定的条件，联合使用多种干预政策相对于单独使用某种干预政策往往更有效。

关键词　直接碳排放削减　前置政策　后继政策　联合干预　现场实验

削减碳排放、应对气候变化已经成为全社会的共识。在削减碳排放的过程中，不仅要降低生产、流通部门（企业）的能源消费和碳排放，而且要降低消费部门（家庭和消费者）的能源消费和碳排放。加强对家庭行为的引导和干预，促进家庭节约能源消费，降低直接碳排放已成为相当长时期内的一项重要课题。20世纪70年代以来，发达国家对家庭能源节约和削减直接碳排放的干预政策进行了大量的理论和实证研究。其中，一个非常重要的分支是通过现

[作者简介] 浙江财经学院工商管理学院，杭州，310018。

[基金项目] 教育部人文社会科学研究青年项目"公众资源节约与循环回收行为的内在机理研究——理论拓展和实证检验"（09YJC630194）、浙江省自然科学基金项目"公众低碳消费行为的驱动因素及其作用机制——基于中国文化背景的理论拓展和实证检验"（Y6110086）、浙江省哲学社会科学重点研究基地浙江财经学院政府管制与公共政策研究中心（CRRP）研究成果。

场实验对特定的干预政策及其实施效应进行测度。本文主要对相关的实验研究文献进行回顾和梳理，以便为我国设计相应的干预政策提供思路，同时为进一步提高干预政策的有效性提供借鉴。

在经济发达国家，家庭能源节约和削减直接碳排放的相关实验研究非常丰富，我们不可能一一回顾。本文遴选实验研究文献的主要标准如下：（1）实验一般要通过前测—后测设计同基线比较或同控制组比较得出定量化的效应，且往往应提供均值、标准差以及 t 检验统计值、F 统计值等。（2）实验的受试对象是家庭（居民），本文暂不考虑针对其他目标群体（如学校、医院、政府机构等组织消费者等）的干预政策。（3）实验一般通过直接观察家庭的实际行为及其变化来测度干预政策（或政策组合）的效应。对于仅仅通过问卷调查获得自我报告行为的文献，我们会谨慎对待（因为其结果可能存在偏差）。（4）实验一般需进行较长的时间（至少几周），维持时间太短（如只有几天）的实验可能不可靠。当然，不同实验进行的时间也存在较大差异。有些实验仅仅持续数周，有些实验则进行了数年的跟踪观察。

回顾和梳理文献时，我们重点关注以下几个方面：（1）干预政策能在多大程度上导致行为变革和能源消费（直接碳排放）削减。这里，行为变革和能源消费（直接碳排放）削减是存在区别的，因为家庭可能采用某些能源削减行为，但其整体能源消费和直接碳排放却并没有降低。因此，条件允许的情况下应对这两个变量同时进行测度（当然，我们关注的焦点还是实际能源节约或直接碳排放削减）。（2）行为变革和碳排放削减在多大程度上可以归因于干预政策。（3）行为的潜在决定因素或影响因素（如知识、态度、意识等）是否得到测定。（4）干预政策对行为的影响是否能长期持续，特别是干预结束后家庭是否会继续维持行为变革和削减直接碳排放。

一　削减家庭直接碳排放的干预政策类型

家庭能源节约和直接碳排放削减的相关行为可以分为两种类型：效率行为和削减行为。效率行为往往是一次性的购买购置行为，而削减行为则是重复性的使用管理行为。具体来说，效率行为是购买高效能源设备的行为（如购买节能的家用产品）。削减行为是在现有的家庭用具下尽量减少能源的消耗，如夏天减少空调使用或以电扇代替空调。学者们将前者视为"强可持续消费"，后者则视为"弱可持续消费"。从现有文献看，学者们关注的焦点既包括效率行为也包括削减行为，后者要稍微多些。这一现象值得关注，因为一次性行为可能比重复性行为更有利于节约能源消费和降低直接碳排放，即强调效率的节约途径比以削减为目标的途径更有价值。例如，购买节能高效空调同时对房子进行有效隔热会比调高空调的温度节省更多的能源。当然，如果人们更频繁地使用高效能源设备时，这些设备就未必导致整体的能源消费削减，即产生反弹效应。

各种环境心理学和公共政策研究者已经着手探讨家庭能源节约和碳排放削减的相关干预政策问题。Abrahamse 等回顾了家庭能源节约行为的干预政策研究，指出干预政策分为两类：一类是前置策略，包括目标设定、诱导承诺、提供信息、设立榜样等，另一类是后继策略，包括反馈、奖励、惩罚等。这两者的区分标准在于干预的时间是在目标行为发生之前还是之后。贝尔等也将干预政策分为前置策略和后继策略两大类。根据贝尔等的分析，前置干预在行为发生之前影响（单个或多个）决定因素，即通过影响行为的潜在决定因素，从而影响行为。例如，提供信息这一前置干预政策旨在增加个体知识，从而促进个体削减直接碳排放。后继策略是基于这样的假设，正面或负面结果的呈现会影响行为。当正面结果和亲环境行为联系在一起时，该行为会成为一个更受欢迎的替代行为；当负面结果和有害环境行为联系在一起时，该行为会成为一个相对不受欢迎的行为。Steg 将促进家庭能源节约行为的策略分为两类：一是心理策略（信息策略），包括提供信息、教育和榜样等。它们旨在改变个人的知识、认知、动机和规范，其假设是这些变革会带来行为的相应变化，从而促进能源节约。二是结构策略，包括提供节能产品或服务、改变基础设施、改变产品定价和制定法规措施等。它们旨在改变决策制定的情境，从而使能源节约行为更有吸引力。可以看出，Steg 的分类与 Abrahamse 等、贝尔等略微不同，但没有实质性差异。相应的，本文也从前置政策（目标设定、诱导承诺、提供信息）和后继政策（经济激励、结果反馈）两个方面对相关实验研究文献进行回顾和评述。

二 目标设定和诱导承诺政策及其实施效应

目标设定是给家庭能源节约和直接碳排放削减设立一个参考值（如节约 5% 或 15% 的碳排放），以促使个体行为朝此方向努力。根据 Locke 的"目标设定理论"，目标本身就具有激励作用，它能把人的需要转变为动机，使人们的行为朝着一定的方向努力，并将自己的行为结果与既定的目标相对照，及时进行调整和修正，从而能实现目标。这种使需要转化为动机，再由动机支配行动以达成目标的过程就是目标激励。在削减家庭直接碳排放的干预中，目标可以由实验者或者家庭自身来设定。目标设定也可以和其他干预措施联合使用，如反馈（提示和目标相关的行为表现），或者作为节约特定量能源承诺的一部分。

Becker 在实验研究中，对受试家庭设立了家庭电力消费削减的目标。其中，一半家庭设定一个相对高难度的目标（削减 20%），另一半家庭设定一个相对低难度的目标（削减 2%）。各组内，有一半家庭接受每周三次的反馈，另外一半家庭作为控制组。实验结果显示，接受高难度目标和反馈组的家庭削减量最大，并且是唯一和控制组存在显著差异的组。给予低难度的目标则显示没有任何效果，2%的削减量可能被认为不值得他们付出努力。这表明，电力消费削减绩效是高难度目标和反馈联合作用的结果。McCalley 和 Midden 的实验研究也证实：同时设定目标和给予反馈的参与者比仅仅给予反馈（没有目标）的参与者在每次实验中节约了更多的能源。McCalley 和 Midden 对自我设定目标、指定目标分别与能源反馈联合使用对节约行为的影响进行了比较。结果显示，两者产生了类似的能源节约（自我设定目标的参与者和指定目标的参与者之间没有显著差异）。进一步说，McCalley 和 Midden 还测定了社会取向这一个性因素（社会取向即对自身或他人行为结果的评价程度），发现社会取向和目标设定模式存在显著的交互作用：对倾向于自我（Pro - self）的个体，自我设定目标比指定目标会导致更多的能源节约；对倾向于社会（Pro - social）的个体，指定目标则比自我设定目标导致更多的能源节约。Abrahamse 等测度了目标设定对家庭能源使用的影响。他们使用了目标设定、定制化信息（Tailored information）、定制化反馈的干预措施组合进行实验。结果显示，干预措施组合组的家庭相对控制组家庭显著节约了更多的直接能源消费。且干预措施组合组的家庭采用了更多种类的节能行为，而对照组家庭采用节能行为的范围和程度要少得多。另外，相对控制组家庭，干预措施组合组家庭的能源节约知识水平有显著提高。这显示，目标设定这一干预政策能有效地促进家庭削减直接碳排放，且当目标设定与信息提供、结果反馈联合使用时干预效果会更好。

　　承诺是个体作出行为改变（如节约能源、降低碳排放）的誓言或保证，一旦作了这样的保证，个体很可能会按保证作出行为改变以减少不协调。大多数情况下，这种誓言和一个具体目标相关，如减少5%的能源消耗。承诺的有效性是基于这样的假设，一个人在能源节约上作出的承诺越强，其未来的行为就越有可能与态度保持一致，从而参与到能源节约行为中来。承诺可以是对个体自身（私下）的一个誓言，此时承诺可以激活个人规范（即道德责任）。承诺也可以面向公众公开（如在社区公告栏上公示）。在公共承诺的情况下，社会规范（即他人期望）就成为节约行为的一个决定因素。

　　Pallak 和 Cummings 研究了诱导承诺对促进家庭燃气和电力消费节约的影响。他们对家庭进行访谈并将其分为公共承诺组（家庭在公共承诺书上签名）、个人承诺组（家庭未在公共承诺书上签名）和控制组（未对其进行访谈），接受访谈后一个月测度其能源消费反应。实验结果表明，公共承诺组在燃气和电力消耗水平上都比个人承诺组或控制组显示出更低的增长率，且这一效果在干预结束后保持了6个月。可见，诱导承诺有利于促进家庭削减直接碳排放，且公共承诺相对个人承诺会更有效。Pallak，Cook 和 Sullivan 改变了能源节约的承诺程度，并测量随后的能源消耗。一组受试房主被告知他们的名字被列在能源节约研究参与者的名单上，实验结束后名单将连同研究结果一起公之于众（高承诺组）；而第二组受试确信实验是匿名的（低承诺组）。实验结果显示，高承诺组个体使用的能源比低承诺组和控制组要少，而且效果在实验结束后持续了半年之久。Shippee 和 Gregory 比较了强公共承诺和弱公共承诺对削减家庭能源消费的有效性。在其实验中，强公共承诺是项目参与者告知整个社区自身的能源节约情况，弱公共承诺是指能源节约情况仅仅告知给自愿参与项目的成员。结果表明，弱公共承诺相对于强公共承诺更有效。这一结论与Pallak、Cummings、Pallak、Cook 和 Sullivan 的研究结论几乎相反。此外，Heberlein 和 Warriner 研究了心理承诺和价格对居民电力消费从峰电到谷电转变的影响。结果发现，心理承诺对行为的影响比价格更大，且心理承诺和价格这两个变量很大程度上是相互独立的。而且，即便在低价格比率情况下，那些作了心理承诺的居民仍旧实行从峰电到谷电的转变。

诱导承诺中的一个常用技术是登门槛技术。根据登门槛技术的假设，对第一个较小请求的承诺会促使接下来更大请求的实行。Katzev 和 Johnson 运用登门槛技术测定了电力消费承诺的影响。研究中，受试家庭要么收到（较小）请求要求其完成一个简单的环保问卷，要么收到（较大）请求要求其承诺节约10%的电力消耗，或者是同时收到以上两个请求。三个实验组都和控制组（未被请求去实行任一要求）进行了比较。结果表明，三个实验组家庭的用电量都比控制组少得多，且登门槛技术组（同时收到以上两个请求）里的节约者人数显著比其他任何组多。但是，这种能源节约效果的实现并未出现在实施干预期间，而是出现在干预结束后的一段时期内。这一实验表明最小调整技术或登门槛技术更有利于促进家庭实行能源节约，但其效应并未在干预期间立即表现出来，而是具有延迟效应。这对削减家庭直接碳排放提供了有益的启示。

总的来说，目标设定和诱导承诺往往是削减家庭直接碳排放的有效策略。对目标设定来说，适度的高难度目标比低难度目标更有效，指定目标有时比自我设定目标更有效，且联合使用目标设定和反馈比单独使用目标设定更为有效。对于诱导承诺来说，公共承诺相对个人承诺往往会更有效，登门槛技术有利于促成家庭削减直接碳排放。当然，不同的研究结论也并不完全一致。例如，有的实验显示高承诺比低承诺更有效，有的实验则显示弱公共承诺相对于强公共承诺更有效。

三　提供信息政策及其实施效应

提供信息是削减家庭直接碳排放的一个常用策略。信息可以是碳排放和环境危机问题的一般信息，也可以是关于潜在解决办法的具体信息（能源节约措施的行为指南）。提供信息有助于增强家庭对碳排放问题的感知并普及碳排放削减的知识。信息可以通过多种方式传递给家庭，如电视、报纸等大众化信息传播或者个性化宣传手册、专题研讨会、面对面访谈等小众化信息传播。后者是向家庭提供定制化、高度个性化的具体信息。这种措施的一个优势是使参与者仅收到相关的信息，而不是过量的不适用于家庭情况的一般信息。定制化信息的一个典型例子是能源审计，即审计员进行家庭访问，根据家庭的当前状况提供一系列的能源节约方案（效率和削减行为）。如他们可能建议家庭使用隔热层或调高恒温器温度。

对于大众化信息传播政策，Winett 等运用有线电视的方式进行了电视榜样塑造（观众也接受了一份含有描绘能源节约措施的卡通小册子）。这个节目专门针对事先选择的中产阶级家庭，并通过有线电视系统的公共频道进行播放，展示了各种能源节约策略。结果显示，看完节目后观众采用了节目中宣传的策略，电视榜样组的能源消耗显著降低了10%（和控制组相比）。措施前、措施后的比较研究还显示，电视榜样组的知识有显著提高，控制组却没有。但一年后的跟踪研究却显示能源节约行为没有得到保持。与 Winett 等的研究不同，Staats、Wit 和 Midden 关于气候变化的大众传媒运动前后的测试结果显示，公众知识有小幅度增长，但对问题的感知水平并没有变化。根据 Staats、Wit 和 Midden 的分析，亲环境行为的意愿增强了，但仅局限于传媒运动前就已经实行亲环境行为者。更重要的是，环境感知、环境知识和自我报告的亲环境行为并不相关。进一步说，即便大众传媒运动能提高公众对于气候变化的知识水平，往往也不会带来显著的行为变迁。Völlink 和 Meertens 研究了电视信息、目标设定和反馈对家庭能源消费和水消费的影响。他们使用图文电视提供信息（能源节约小窍门）、每周反馈和目标设定的联合干预进行实验研究。结果显示，联合干预组的家庭比控制组节约了更多的能源。可见，电视信息与目标设定、反馈联合使用时会产生显著的碳排放削减效果。

对于小众化信息传播政策，McDougall 等对社区研讨会的研究显示，研讨会对自我报告的节约行为有积极影响，然而对实际的节约行为却并没有影响。McDougall 等进一步指出，信息沟通（无论是信件还是热线）对能源节约几乎没有影响。Geller 也组织了几次关于能源利用的教育性专题讨论会，以测度其能源节约效应。讨论会上提供关于能源节约措施的信息，每个参会人员还得到一个淋浴限流装置和一本能源节约信息的小册子。结果发现，专题讨论会能有效改变个体对能源利用的态度和意向。但对参与者家庭进行的能源使用审计调查显示，专题讨论会中建议的方法并没有真正生效，参与者和未参与者在采用能源节约措施的数量上并没有显著差异。可见，虽然信息是能源消耗的潜在决定因素，但它并没有导致行为的变革。

与上述实验研究结论不同的是，Winett、Love 和 Kidd 研究了能源专家和推广员的家庭访问对家庭能源节约的影响，并比较了能源专家和推广员两组的差异。结果表明，相对基线和控制组来说，能源专家和推广员组少用了21%的电力。能源专家组和推广员组的效果差不多，只是能源专家组某种程度上表现出了一致、持久的效果。与 Winett、Love 和 Kidd 的研究类似，Hirst 和 Grady

对接受能源审计和未接受能源审计家庭的燃气消费进行了比较。结果表明，在审计后的一年里，审计组家庭相对控制组节约了 1%—2% 的燃气消耗；在审计后的两年里，削减量达到了 4%。接受审计组使用的能源节约措施也比控制组更多。另外，Hirst 和 Grady 还发现一个和预期相反的现象：燃气消耗大的家庭对燃气节约的态度更为积极。McMakin、Malone 和 Lundgren 研究了焦点小组访谈这一定制化信息对于家庭能源节约的作用，受试对象是两地（分别位于华盛顿州和亚利桑那州）不用支付自己水电费的家庭居民。得出的结果令人困惑：华盛顿州的家庭节约了 10% 的燃气和电力消耗，亚利桑那州的家庭则相比基线多消耗了 2% 的电力。Staats、Harland 和 Wilke 研究了信息提供、反馈和社会相互作用的联合干预对家庭行为的影响。Staats、Harland 和 Wilke 采用的是生态小组项目（EcoTeam Program，ETP）干预，它是一种成套干预措施。通过三年的纵向跟踪研究发现，生态小组项目的参与者随着时间推移增加了亲环境行为的频率，而控制组则没有变化。且这些行为改善在生态小组项目完成后得到了保持。这表明，在生态小组项目下，联合使用提供信息、反馈和社会相互作用可以有效促进家庭实行自愿的亲环境行为变革。当然，由于 Staats、Harland 和 Wilke 的实验研究联合使用了多项干预措施，因此很难区别不同干预措施的边际效果。

总体上说，对于提供信息政策的实验研究结论并不完全一致。一般认为，大众化信息传播对削减家庭直接碳排放是有效果的。可是也有研究指出，大众化信息传播能提高知识水平和改变态度，但不必然带来行为变革或能源节约。此外许多研究均指出，个性化的小众化、定制化信息传播相对来说更为有效。例如，家庭能源审计、焦点小组访谈通过提供定制化能源节约信息，对削减家庭直接碳排放具有显著正效应。

四 经济激励政策及其实施效应

经济激励是给予削减直接碳排放的家庭有价值的回报（如金钱），它属于一种正强化技术。经济激励既可以基于节约能源的量，也可以根据一个固定的值（如当达到一定削减比例）来实施。

Hayes 和 Cone 研究了奖励对居民电力消费的影响。结果显示，奖励使所有居民产生了及时和实质性的电力消费削减，即便奖励强度被实质性地降低了也是如此。另外，实验结果还显示，奖励和信息的组合，或奖励和反馈的组合并没有比单独的奖励工具产生更大的效应。这表明只有奖励这一激励工具在起作用。这一结论与多数学者的结论有些不同，因为多数学者的研究均表明联合干预措施的效果更好。Winett 等研究了不同强度经济激励对家庭电力节约的影响。他们将受试家庭置于 5 个实验条件之一：（1）高现金返还组，即受试者接受节约信息、每周电力消耗的书面反馈和高达 240% 电价改变的现金返还；

（2）低现金返还组，除了现金返还达到 50% 的电价改变外，其他条件和高现金返还组类似；（3）每周反馈组，即受试者接受信息但没有现金返还；（4）提供节约信息组；（5）控制组。实验结果显示，在干预的前 4 周，高现金返还和低现金返还组比其他组节约了更多的能源。在接下来的后 4 周，对原先仅接受信息的家庭给予高现金返还，结果他们节约了 7.6% 的能源。在干预的 8 周时间里，只有高现金返还组显著削减了约 12% 的电力消耗。Winett 等的实验显示，从长期看高强度的经济激励会更有效，低强度的经济激励在短期有一定效果，在长期则根本无效。

McClelland 和 Cook 研究了群体经济激励对促进家庭能源节约的效果。通过对科罗拉多大学综合居住区的受试家庭开展一场能源节约竞赛实验，在六次为期两周的竞赛中获胜的各组奖励 80 美元。结果发现，在第一次竞赛中削减了约 10% 的天然气消耗，且能源节约量在前 8 周内一直在统计上显著。12 周竞赛的平均节约率为 6.6%。McClelland 和 Cook 的实验表明，群体经济激励对家庭能源节约确实有一些效果，但高实施成本也不可忽略（在其研究中，成本已经超过能源节约的收益）。Slavin、Wodanski 和 Blackburn 也着重研究了群体连坐对电力节约的影响。在第一项研究中，受试居民（分为 3 组）举行会议并就相对预期所节约电力的价值获得两周一次的奖励（奖励为所节约电力价值的 100%），以不同的基准设计在每组里发起群体连坐，即反馈和奖励是针对整个组的表现。这一实验项目对其中一组持续干预 14 周，结果产生了实质性的节约（11.2%）；另一组持续干预 8 周，产生中等的节约（4.0%）；第三组持续干预 12 周，但节约最小（1.7%）。居民相对基线平均节约了 6.2%，且干预实施刚结束时的削减效应最大。在第二项研究中，受试对象是 255 个住宅单元的居民，也分为三组接受同样的干预处理，不同的是奖励为所节约电力价值的 50%。另外，如果整个组比基线节约了 10% 或以上的电量，那整个组将收到一次性 5 美元的奖金。结果显示，联合干预导致了电力的节约，第一组为 9.5%，第二组为 4.7%，第三组为 8.3%，平均节约 6.9%。Slavin、Wodanski 和 Blackburn 的研究表明，群体经济激励可以显著促进家庭能源节约，即便经济激励的强度降低了也有同样的效果。

Hutton 和 McNeill 研究了非现金激励对家庭能源节约行为的影响。他们面向 450 万个家庭发放了淋浴限流装置和能源节约窍门小册子，同时开展了大众传媒运动，并通过电话调查评估其效果。结果显示，与未收到淋浴限流装置和能源节约窍门小册子的家庭相比，收到的家庭表示其施行能源节约窍门更为频繁。另外，和未安装淋浴限流装置的家庭比，安装的家庭表示其采用了更多的能源节约窍门。这显示，非现金激励措施显著增加了家庭行为反应。当然，Hutton 和 McNeill 的研究并未区分非现金激励和信息传播的边际效果，也没有测度干预措施对实际能源节约行为（而是通过电话调查获得的自我报告行为）的影响，这或许有一定的偏差。

总体上，经济激励（或定价）是削减家庭直接碳排放的一个关键因素。多数实验研究都证明了接受奖励和未接受奖励的家庭在能源节约和直接碳排放削减上存在显著差异。特别是高强度的经济激励会更有效，无论是个人激励还是群体激励均如此。但也有一些学者提出了质疑，几项研究显示外部物质奖励对于能源节约行为只有短期的效应。对此，津巴多和利佩认为，报酬并不能使亲环境行为内化成一个可以指引行为的强有力态度。如果为了报酬去做亲环境行为，那么人们就倾向于认为是报酬（外在因素）而非自己的态度（内在因素）引发了行为。一旦报酬停止，那么也不会再有相应的行为。这意味着，经济激励政策存在局限性，其对微观主体行为的影响也需要进一步评估。

五 结果反馈政策及其实施效应

结果反馈是向家庭提供其能源节约或直接碳排放削减的评价信息。反馈可以影响行为，因为个体能将一定的结果（如能源节约）和其行为联系在一起。根据心理学中的反馈效应理论，对行为结果进行评价，能强化行为动机，从而促进相应的行为。在削减家庭直接碳排放的过程中，反馈是被学者们重点关注和研究的一项后继干预政策。很多学者从不同角度对反馈进行了实验研究，如考察不同反馈频率、不同反馈内容、个人反馈和比较性反馈、不同醒目程度反馈的效应，等等。

在 Seligman 和 Darley 的实验中，一半家庭接受了电力节约的反馈，另一半家庭不接受任何反馈。结果表明，反馈对电力节约有着正效应：反馈组比控制组少用了 10.5% 的电力。很多学者的实验研究也发现了类似的结果。但是，Allen 和 Janda 的研究也指出，反馈对家庭能源节约意识的影响比对家庭实际节约行为的影响更大，且对高收入家庭和低收入家庭都是如此。Hayes 和 Cone 的研究显示，反馈的效果不一定持久，甚至会适得其反。根据 Hayes 和 Cone 的实验，在为期 4 个月的干预期内，接受反馈的家庭削减了 4.7% 的电力消费，而控制组则增加了 2.3% 的电力消费。干预期结束后的两个月里，能源消费情况却发生了相反的变化：即和基线相比，反馈组的家庭多消耗了 11.3% 的电力，而控制组节约 0.3% 的电力。可见，一旦干预结束，反馈组的能源消费可能会产生"报复性"反弹。与以上研究结论略微不同的是，McDougall 等回顾了一些相关实验研究指出，单独的反馈措施对家庭能源节约的影响非常小。反馈和节约目标、节约指南的联合干预才会比较有效地促进能源节约。McDougall 等进一步指出，单独的节约指南几乎同反馈和节约指南的联合措施一样有效。

Van Houwelingen 和 Van Raaij 研究了不同反馈频率对家庭能源使用的影响。所有家庭同时接受了能源节约相关信息。结果发现，每日反馈组家庭节约的燃气达到 12.3% 。这超过了接受每月反馈的家庭（7.7%）、接受看燃气表建议的家庭（5.1%）和仅接受信息的家庭（4.3%）。控制组中未发现显著的燃气消耗改变。实验一年后，所有组的能源使用保持在相对基线的较低水平上，但不同实验条件组的差异不再显著。Van Houwelingen 和 Van Raaij 的研究显示，任何频率的反馈都不具有长期效应（长久有效）。且从短期看高频率的反馈更有效，从长期看不同频率反馈之间的差异不再显著。Bittle、Valesano 和 Thaler 研究了每日费用反馈对家庭电力消费的影响。结果显示，和未提供反馈的家庭（B 组）相比，每日反馈组家庭（A 组）消耗的电力一直较少。52 天后转变条件，给 B 组家庭提供每日反馈，而 A 组家庭不提供反馈。此时，B 组家庭再次消耗了更多的电力。但是，对 B 组家庭消费情况进行组内分析发现，在可比气温水平的条件下，接受反馈比未接受反馈时的电力消费量更少。条件的反转没有导致消费的反转，这可能是由于先前对 A 组家庭反馈造成的延时效应：反馈已经促成了新的习惯，甚至在反馈后还会继续坚持。

Bittle、Valesano 和 Thaler 比较了增量反馈和累积反馈的差异。研究中，每个家庭都接受每日反馈，但有些家庭接受的是对前一天电力消耗的反馈（增量反馈），有些家庭接受的是自月度第一天开始的累计电力消耗反馈（累积反馈）。结果表明，高电力消费者在电力消耗上的增长率更低，累积反馈相对增量反馈稍微更加有效。这意味着，消费者对于大额的累积性能源使用量数据的反应会更强烈，对小额的短期增量数据的反应更不强烈，即便这些小额的短期增量数据更准确地反映了具体能源使用行为的信息。而对于中等和低电力消费者，反馈表现出了相反的效应，即导致了电力消耗的增加。

Kantola、Syme 和 Campbell 进一步考察了认知失调反馈的影响效应。他们采用反馈告知家庭（这些家庭的用电量超过平均水平），虽然他们在之前表达了节约能源的责任感，但他们却是电力高消费者，以此来唤起其认知失调。他们设计了 4 个组进行了相互比较：第一组接受认知失调、能源节约小窍门和反馈，他们被告知测得的其对电力节约的态度和实际电力消费间存在不一致（即诱导了认知失调）；第二组接受能源节约小窍门和反馈，被告知其是电力高消费者并反馈，但不诱导认知失调；第三组接受能源节约小窍门，被告知如何节约电力；第四组是控制组，他们仅收到一份参与研究的感谢信。实验结果显示，在干预的前两周，认知失调反馈组节约的电力显著比其他组要多。接下来的两周，仅认知失调反馈组和控制组存在差异。可见，认知失调反馈相对一般反馈更为有效，这支持了认知失调理论的假设。

在反馈设计中，还有一种重要类型是比较性反馈，即提供相对于他人表现的个体表现。其假设是，通过提供比较性反馈会唤起一种竞争、社会比较或社会压力感，这有助于减少家庭能源消耗，特别是在重要的或相关的他人作为参照群体时尤其有效。Midden 等比较了个体反馈和比较性反馈对削减能源消费的影响差异。他们通过实验测试了 4 个行为变革策略：（1）提供家庭内如何节约能源的一般信息；（2）每周对个人能源消费的数量和经济后果进行反馈；

（3）对个人能源消费的数量和经济后果同具有可比性家庭的消费情况比较的结果进行每周反馈；（4）为降低能源消耗进行每周比较性反馈和经济奖励。结果表明，总体上比较性反馈不比个体反馈更为有效，仅给家庭提供一般信息（策略1）则根本没有效果；比较性反馈（策略3）在特定情况下比较有效；个体反馈（策略2）和比较性反馈下的经济强化（策略4）能有效减少能源消耗。Brandon 和 Lewis 也进行了类似的研究。在他们的实验中，参与者（控制组除外）接受了各种形式的反馈，如将其消费与上一年消费或类似其他人的消费进行比较（比较性反馈），通过传单或电脑进行能源节约的反馈（个体反馈），或者关于经济或环境成本的反馈（经济成本反馈或环境成本反馈）。结果表明，比较性反馈、个体反馈、经济成本反馈和环境成本反馈之间存在区别。所有反馈组中，个体反馈（安装电脑）最显著地降低了能源消费，该组中节约的家庭数远远多于不节约的家庭数。高能源消费者和中能源消费者减少了能源消费，而低能源消费者增加了能源消费，这印证了 Bittle、Valesano 和 Thaler 的研究结论。

Maan 等对不同醒目程度反馈（数值反馈或灯光反馈）的效果进行了研究。实验中，半数参与者收到数值反馈，半数参与者收到灯光反馈。这里的灯光反馈是根据家庭能源消费情况逐渐改变照明灯颜色来显示。结果表明，灯光反馈比数值反馈有更强的说服效应。这是因为外界灯光反馈比数值反馈更容易处理，认知负荷妨碍了数值反馈的处理，而没有妨碍灯光反馈的处理。Maan 等的研究对于能源消耗反馈的设计（特别是反馈的醒目程度）提供了一定的借鉴意义。Grønhøj 和 Thøgersen 评估了给予家庭详细电力消费反馈的效果，特别是分析了学习和社会影响过程的作用。实验结果显示，参与的家庭平均节电8.1%，而控制组仅仅节约了0.8%。质化访谈显示，反馈使家庭电力消费更加明显和突出，并促使电力消费者采取降低其能源消耗的有关行动。此外，反馈促进了夫妻间以及青少年儿童和父母间关于能源节约的社会影响过程。可见，反馈对家庭能源节约行为的影响机制是相对复杂的，学习和社会影响过程在其中发挥着中介的作用。

总的来说，向家庭提供反馈（特别是频繁的反馈）是促进能源节约和直接碳排放削减的一个成功干预措施。然而也有研究显示，高频率的反馈并非一定是成功的关键。另外一些研究发现，反馈对高能源消费者和低能源消费者有不同的效应，即前者减少了能源消耗而后者增加了能源消耗。这从政策角度看是一个重大的发现，这意味着以减少能源消耗为目标的反馈政策可以特别针对高能源消耗者。还有的文献研究了比较性反馈和个体反馈的效果差异，但没有发现比较性反馈比个体反馈更有效。另外一些研究显示，反馈干预一结束，其政策效应也很快消失。在很多研究中，含后继测试的评价显示反馈引致的行为变革效果几乎没有得到保持。

六   结论和启示

通过对发达国家相关实验研究的回顾，我们至少可以得到以下几点结论和启示：

首先，学者们通过现场实验主要研究两类干预政策对家庭能源节约和直接碳排放削减的影响。这两类干预政策分别为前置政策和后继政策，另一种分类方法是将干预政策分为心理策略（即信息策略）和结构策略两类。每一类干预政策下都存在若干具体的政策工具。行为干预的目标可能是自愿的行为变革，它通过改变个体感知、偏好和能力（即动机—能力—机会变量）来实现。干预的目标也可能是影响决策制定的情境，如给予经济报酬、完善法律法规或者提供高效能源设备。后者旨在改变经济利益结构，从而使直接碳排放削减行为更受欢迎。对具体干预政策进行现场实验的设计形式多种多样（见表1），且多种干预政策联合使用的实验设计一定程度上得到了研究者的重视。

表1   **发达国家相关实验研究的设计总结**

干预政策类型		现场实验设计	
前置政策	目标设定	目标难度：高难度、低难度 目标来源：自我设定、指定	联合干预
	诱导承诺	承诺公开性：个人、公共 承诺强度：低度、高度 承诺形式：登门槛技术等	
	提供信息	大众化信息传播：电视信息、报纸信息等大众传媒运动 小众化信息传播：个性化宣传资料、能源审计、专题讨论会、团队参与等	
后继政策	经济激励	激励强度：高强度、低强度 激励形式：现金、非现金 激励对象：个人、群体（群体连坐）	
	结果反馈	反馈频率：每日、每周、每月 反馈内容：成本、用量；环境成本、经济成本 反馈数量：增量、累积 反馈形式：个人、比较性、认知失调 反馈醒目程度：数值、灯光	

续表

干预政策类型	现场实验设计
社会文化情境	社会价值取向：偏自我、偏社会 社会相互作用与社会影响过程等

资料来源：笔者根据相关文献资料汇总整理。

　　其次，目标设定、诱导承诺、提供信息、经济激励、结果反馈等干预政策都是削减家庭直接碳排放的可能手段，但它们的成本和收益不尽一致。相对来说，大众化信息传播教育似乎是一种相对低效的方法，但却比其他方法的成本更低。小众化信息传播（如使用相关环保提示）在某种程度上有效且成本较低。强化技术（包括正强化、负强化）在引致行为变革的短期改变上显得较有效（只是有证据显示效果经常在强化撤销时消失），但强化技术的成本可能较高。当然，对于不同干预政策的实际效应，研究者们还存在很大的争议。

　　再次，特定干预政策的有效性有一定的条件，且联合使用多种干预政策相对于单独使用某种干预政策往往更有效。例如，只有当人们在决策过程中真正考虑价格时，经济激励才会有效；当人们没有意识到其能源消耗和环境问题相关时，教育运动才是非常可取的。多数实验结果表明，联合使用反馈和目标设定导致了能源消费的显著削减。当然，很多的实验设计同时检验了多个干预措施的组合效果，这样往往很难检验特定干预措施的独立效果。另外，对于特定干预政策实现干预效应的内在机理，目前还缺乏足够的研究。目前的大部分研究仅仅显示了干预成功的程度，如通过组内设计、组间设计、因子设计等进行实验前后比较或者对实验组和控制组比较，而没有对干预发生作用的机理和成因进行深入分析。He 和 Greenberg 也指出了这一点。

　　最后，现有的实验研究大都立足于西方文化背景，中国文化背景下的实验研究相对缺乏。多数研究文献实际上隐含这样的假设：文化情境变量是中立的。显然，这种脱离文化情境去研究干预政策是存在潜在缺陷的。少数文献研究了西方文化情境下社会规范（社会期望）、社会价值取向（自我还是社会）的影响。但西方文化背景下的实验结论并不一定适用于中国，研究中国家庭直接碳排放削减的干预政策还需关注中国文化的核心元素。例如，面子意识在中国文化情境里扮演着至关重要的角色。中国人比较爱脸面、场面、面子（即面子意识），林语堂、斯多弗、明恩溥等中西方学者都发现面子意识是解释中国人诸多行为的关键。在中国的独特文化情境下，削减家庭直接碳排放的干预政策及其干预效应是否发生变化，以及发生怎样的变化，这有赖于我们中国学者立足自身文化情境设计有效的、针对性的现场实验进行深入的探索性研究。这将是一个极有意义也极具挑战的实验研究领域。

参考文献

[1] McDougall, Gordon H. G. , Claxton, John D. , Brent Ritchie, J. R. and Anderson, C. Dennis, Consumer Energy Research: A Review [J] . *Journal of Consumer Research*, 1981, 8 (3): 343 – 354.

[2] Abrahamse, W. , Steg, L. , Vlek, C. and Rothengatter, T. , A Review of Intervention Studies Aimed at Household Energy Conservation [J] . *Journal of Environmental Psychology*, 2005, 25 (3): 273 – 291.

[3] Benders, Rene M. J. , Kok, Rixt, Moll, Henri C. , Wiersma, Gerwin and Noorman, Klaas Jan, New Approaches for Household Energy Conservation—In Search of Personal Household Energy Budgets and Energy Reduction Options [J] . *Energy Policy*, 2006, 34 (18): 3612 – 3622.

[4] Prothero, A. , Dobscha, S. , Freund, J. , Kilbourne, W. E. , Luchs, M. , Ozanne, L. and Thøgersen, J. , Sustainable Consumption: Opportunities for Consumer Research and Public Policy [J] . *Journal of Public Policy and Marketing*, 2011, 30 (1): 31 – 38.

[5] 郭琪:《公众节能行为的经济分析及政策引导研究》, 经济科学出版社 2008 年版。

[6] 李慧明、刘倩、左晓利:《困境与期待: 基于生态文明的消费模式转型研究述评与思考》,《中国人口·资源与环境》2008 年第 4 期。

[7] 保罗·贝尔、托马斯·格林、杰弗瑞·费希尔、安德鲁·鲍姆:《环境心理学》, 中国人民大学出版社 2009 年版。

[8] Steg, L. , Promoting Household Energy Conservation [J] . *Energy Policy*, 2008, 36 (12): 4449 – 4453.

[9] Locke, Edwin A. and Latham, Gary P. , *A Theory of Goal Setting & Task Performance* [M] . Prentice Hall in Englewood Cliffs, N. J. , 1990.

[10] Becker, L. J. , Joint Effect of Feedback and Goal Setting on Performance: A Field Study of Residential Energy Conservation [J] . *Journal of Applied Psychology*, 1978, 63 (4): 428 – 433.

[11] McCalley, L. T. and Midden, C. J. H. , Energy Conservation Through Product – Integrated Feedback: The Roles of Goal – setting and Social Orientation [J] . *Journal of Economic Psychology*, 2002, 23 (5): 589 – 604.

[12] Abrahamse, W. , Steg, L. , Vlek, C. and Rothengatter, T. , The Effect of Tailored Information, Goal Setting and Tailored Feedback on Household Energy Use, Energy – related Behaviors and Behavioral Antecedents [J] . *Journal of Environmental Psychology*, 2007, 27 (4): 265 – 276.

[13] Pallak, M. S. and Cummings, N. , Commitment and Voluntary Energy Conservation [J] . *Personality and Social Psychology Bulletin*, 1976, 2 (1): 27 – 31.

[14] Pallak, M. S. , Cook, D. A. and Sullivan, J. J. , Commitment and Energy Conservation [J] . *Applied Social Psychology Annual*, 1980, 1 (1): 235 – 253.

[15] Shippee, Glenn and Gregory W. Larry, Public Commitment and Energy Conservation

［J］．*American Journal of Community Psychology*，1982，10（1）：81－93.

［16］Heberlein，T. A. and Warrinerb，G. K.，The Influence of Price and Attitude on Shifting Residential Electricity Consumption from On－to－off－peak Periods［J］．*Journal of Economic Psychology*，1983，4（1－2）：107－130.

［17］Katzev，R. D. and Johnson，T. R.，A Social Psychological Analysis of Residential Electricity Consumption：The Impact of Minimal Justification Techniques［J］．*Journal of Economic Psychology*，1983，3（3－4）：267－284.

［18］Winett，R. A.，Leckliter，I. N.，Chinn，D. E.，Stahl，B. and Love，S. Q.，Effects of Television Modeling on Residential Energy Conservation［J］．*Journal of Applied Behavior Analysis*，1985，18（1）：33－44.

［19］Staats，H. J.，Wit，A. P. and Midden，C. Y. H.，Communicating the Greenhouse Effect to the Public：Evaluation of a Mass Media Campaign from a Social Dilemma Perspective［J］．*Journal of Environmental Management*，1996，46（2）：189－203.

［20］Völlink，T. and Meertens，R.，The Effect of a Prepayment Meter on Residential Gas Consumption［J］．*Journal of Applied Social Psychology*，2010，40（10）：2556－2573.

［21］Geller，E. S.，Evaluating Energy Conservation Programs：Is Verbal Report Enough［J］．*Journal of Consumer Research*，1981，8（3）：331－335.

［22］Winett，R. A.，Love，S. Q. and Kidd，C.，Effectiveness of an Energy Specialist and Extension Agents in Promoting Summer Energy Conservation by Home Visits［J］．*Journal of Environmental Systems*，1982，12（1）：61－70.

［23］Hirst，E. and Grady，S.，Evaluation of a Wisconsin Utility Home Energy Audit Program［J］．*Journal of Environmental Systems*，1982－1983，12（4）：303－320.

［24］McMakin，A. H.，Malone，E. L. and Lundgren，R. E.，Motivating Residents to Conserve Energy Without Financial Incentives［J］．*Environment and Behavior*，2002，34（6）：848－864.

［25］Staats，H.，Harland，P. and Wilke，H. A. M.，Effecting Durable Change：A Team Approach to Improve Environmental Behavior in the Household［J］．*Environment and Behavior*，2004，36（3）：341－367.

［26］Hayes，S. C. and Cone，J. D.，Reducing Residential Electrical Energy Use：Payments，Information and Feedback［J］．*Journal of Applied Behavior Analysis*，1977，10（3）：424－435.

［27］Slavin，R. E.，Wodanski，J. S. and Blackburn，B. L.，A Group Contingency for Electricity Conservation in Master－metered Apartments［J］．*Journal of Applied Behavior Analysis*，1981，14（3）：357－363.

［28］Winett，R. A.，Kagel，J. H.，Battalio，R. C. and Winkler，R. C.，Effects of Monetary Rebates，Feedback and Information on Residential Electricity Conservation［J］．*Journal of Applied Psychology*，1978，63（1）：73－80.

［29］McClelland，L. and Cook，S. W.，Promoting Energy Conservation in Master－Metered Apartments Through Group Financial Incentives［J］．*Journal of Applied Social Psychology*，1980，10（1）：20－31.

［30］Hutton，R. B. and McNeill，D. L.，The Value of Incentives in Stimulating Energy

Conservation ［J］. *Journal of Consumer Research*, 1981, 8 （3）: 291 – 298.

［31］Press, Melea and Arnould, Eric J., Constraints on Sustainable Energy Consumption: Market System and Public Policy Challenges and Opportunities ［J］. *Journal of Public Policy & Marketing*, 2009, 28 （1）: 102 – 113.

［32］菲利普·津巴多、迈克尔·利佩：《态度改变与社会影响》，人民邮电出版社 2007 年版。

［33］Seligman, C. and Darley, J. M., Feedback as a Means of Decreasing Residential Energy Consumption ［J］. *Journal of Applied Psychology*, 1977, 62 （4）: 363 – 368.

［34］Hayes, S. C. and Cone, J. D., Reduction of Residential Consumption of Electricity Through Simple Monthly Feedback ［J］. *Journal of Applied Behavior Analysts*, 1981, 14 （1）: 81 – 88.

［35］Petersen, John E., Shunturov, Vladislav, Janda, Kathryn, Platt, Gavin and Weinberger, Kate, Dormitory Residents Reduce Electricity Consumption When Exposed to Real – time Visual Feedback and Incentives ［J］. *International Journal of Sustainability in Higher Education*, 2007, 8 （1）: 16 – 33.

［36］Allen, D. and Janda, K., *The Effects of Household Characteristics and Energy Use Consciousness on the Effectiveness of Real – time Energy Use Feedback: A Pilot Study* ［D］. Proceedings of the ACEEE Summer Study on Energy Efficiency in Buildings, 2006.

［37］Van Houwelingen, J. H. and Van Raaij, W. F., The Effect of Goal – Setting and Daily Electronic Feedback on In – home Energy Use ［J］. *Journal of Consumer Research*, 1989, 16 （1）: 98 – 105.

［38］Bittle, R. G., Valesano, R. and Thaler, G., The Effects of Daily Cost Feedback on Residential Electricity Consumption ［J］. *Behavior Modification*, 1979, 3 （2）: 187 – 202.

［39］Bittle, R. G., Valesano, R. M. and Thaler, G. M., The Effects of Daily Feedback on Residential Electricity Usage as a Function of Usage Level and Type of Feedback Information ［J］. *Journal of Environmental Systems*, 1979 – 1980, 9 （3）: 275 – 287.

［40］Kantola, S. J., Syme, G. J. and Campbell, N. A., Cognitive Dissonance and Energy Conservation ［J］. *Journal of Applied Psychology*, 1984, 69 （3）: 416 – 421.

［41］Midden, C. J. H., Meter, J. F., Weenig, M. H. and Zieverink, H. J. A., Using Feedback, Reinforcement and Information to Reduce Energy Consumption in Households: A Field – experiment ［J］. *Journal of Economic Psychology*, 1983, 3 （1）: 65 – 86.

［42］Brandon, G. and Lewis, A., Reducing Household Energy Consumption: A Qualitative and Quantitative Field of Study ［J］. *Journal of Environmental Psychology*, 1999, 19 （11）: 75 – 85.

［43］Maan, Saskia, Merkus, Bo, Ham, Jaap and Midden, Cees, Making it not Too Obvious: The Effect of Ambient Light Feedback on Space Heating Energy Consumption ［J］. *Energy Efficiency*, 2011, 4 （2）: 175 – 183.

［44］Grønhøj, Alice and Thøgersen, John, Feedback on Household Electricity Consumption: Learning and Social Influence Processes ［J］. *International Journal of Consumer Studies*, 2011, 35 （2）: 138 – 145.

［45］He, Helen Ai and Greenberg, Saul, *Motivating Sustainable Energy Consumption in the Home* ［D］. Technical Report 2008 – 914 – 27, Department of Computer Science, University of Calgary, Calgary, AB, Canada T2N 1N4. September, 2009.

环境规制下火电寡头企业策略性行为研究

陈荣佳　冯中越

内容摘要　本文在 Fowlie（2008）排污泄漏模型的基础上，从理论上修改了排污泄漏模型，研究不完全规制时，在排污费规制政策工具下寡头企业的策略性行为，得出征收排污费规制下寡头企业策略性行为与排放权交易规制下均衡结果一致，完全规制的效果并不一定优于不完全规制，不完全规制的效果不一定优于不规制的结论。最后，结合我国火力发电产业的实际，通过数据模拟，验证了修改模型的结论。

关键词　环境规制　火力发电　策略性行为

一　引言

环境污染具有典型的外部性，需要政府进行环境规制[①]。而环境规制的有效性会受到多方面的影响：一是在不完全竞争市场中，寡头企业会对规制者进行"规制俘虏"，从而降低环境规制的有效性；二是在信息不对称条件下，规制者往往选择不同的规制工具和不同的规制程度来对企业进行环境规制，从而产生不同的规制效果；三是面对政府的环境规制，寡头企业会采取相应的策略性行为[②]，从而造成环境规制效果的改变。在不发生"规制俘虏"的假设基础上，探讨不完全规制下选择不同的规制政策对寡头企业进行有效规制，是环境规制研究的重点。

火力发电是我国二氧化硫排放的主要来源，我国火力发电产业是由五大发

[作者简介] 北京工商大学经济学院，北京，100048。

[基金项目] 北京市教育委员会科技创新平台项目——北京社会性规制研究（PXM2011 - 014213 - 113567）

① 环境规制是社会性规制中的一项重要内容。由于环境污染具有外部不经济性，社会成本和厂商成本之间存在差异，于是政府制定相应的政策与措施对厂商的经济活动进行调节，以达到保护环境和经济发展相协调的目标。

② 策略性行为是指一个厂商旨在通过影响竞争对手对该厂商行动的预期，使竞争对手在预期的基础上作出对该厂商有利的决策行为，这种影响竞争对手预期的行为就称为策略性行为。

电集团控制的寡头竞争产业。由于规制的不完全，以及被规制企业的排污率不一样，可能导致环境规制失效。因此，需要深入探讨不完全规制下寡头企业的策略性行为以及对环境规制的影响。

对于环境规制中企业的策略性行为研究。在理论方面，Kwerel（1977）发现，排污企业在面临一般性环境规制措施下会对规制者采取欺骗行为，在排污权交易下，企业倾向于夸大削减污染的成本，而在排污费规制下，企业倾向于少报削减污染的成本。Harford（1997）基于企业总是试图逃避污染处罚以追求利益最大化的假设前提，分析了政府征收排污费对企业环境绩效的影响。Loeb、Magant（1979）最先将规制过程看做是委托—代理问题，设计了一个激励契约模型，来提高规制效率。Vogelsang、Finsinger（1979）在成本、需求信息都不对称且对企业不能提供补贴的条件下，提出了最优规制激励机制方案。Dasgupta、Hammond 和 Maskin（1980）认为，在不对称信息下的动态博弈过程中，显示机制的运用也有可能会导致企业策略性行为。Pashigian（1984）研究环境规制对排污企业市场份额的影响，发现环境规制将提高大厂商的市场份额，而小厂商要么从产业退出要么变成大厂商。Moledina 等（2003）构建了一个信息不对称条件下的动态模型，用以分析企业策略性行为对环境规制的影响。证明了在征收排污费时企业为获得较低的税收水平在第一阶段会治理过多，在第二阶段，规制者据此降低了排污费水平时企业会治污不足，从而使两阶段治污成本净现值最小；当规制者选择可交易许可证进行规制时，则相反。张嫚（2004）、刘文辉（2007）、王爱兰（2008）从企业竞争力的角度研究了环境规制问题，张嫚（2004）运用产业组织学的基本理论与博弈论的分析方法建立了基于环境—竞争力矩阵（ECM），探讨了环境规制下企业的策略性行为。王爱兰（2008）认为，如果被规制企业仅仅是被动遵从环境规制，那么企业的环境遵从成本必然会导致企业总成本增加，使企业的经济效益和竞争力下降，且环境规制导致的成本与收益对比情况因企业而异。郭庆（2007）分析信息不对称下，环境规制下企业的策略性行为，指出，在制定环境规制政策时要设法消除信息不对称的影响。他还分析了中小企业在环境规制下，会采取末端治理技术而非清洁生产方式，并提出运用激励相容手段解决此问题。陈建伟（2009）运用规制俘虏理论，分析不同企业可能选择不同策略性行为的情况以及影响选择的因素，并提出相关环境规制建议。黄民礼（2008）从"规制者—排污企业—公众"三者的互动关系中，研究环境规制的有效性，其中分析了排污企业在面对规制者规制时的策略性行为。焦佳杰（2008）运用博弈模型，分析重要利益集团对地方环境规制政策制定和实施的影响以及所起的作用。李云雁（2010）分析企业应对环境规制的战略与技术创新行为，研究企业技术创新行为与环境规制的关系。

在实证研究方面，Nelson、Nonihue（1993）基于 1969—1983 年美国 44 个私有电力企业的样本数据，对差别化环境规制降低了电力产业的资产周转并导致二氧化硫排放增加的假说进行检验。Goulder 和 Mathai（1998）研究了环境规制政策对技术创新的影响。他们认为，环境规制虽然在一定程度上会增加企业成本，降低资产周转速度，并可能在一定时段内影响生产效率，但对降低企业排放、控制污染企业数量和激励技术创新方面有较大的积极作用。Mason 和 Swanson（2002）通过对欧洲环境管制与专利保护的分析，认为多个管制机构间的非合作可能赋予企业市场势力，进而使产出偏离社会最优水平。

从以上文献中可以看出，国外学者均在信息不对称前提下进行企业策略性行为研究。主要研究成果有 Kwerel（1977）使企业披露其真实污染治理成本信息的模型；Loeb、Magant（1979）委托—代理模型；Moledina 等（2003）信息不对称条件下的动态模型。他们通过模型分析企业策略性行为对环境规制的影响，得出企业策略性行为对环境规制效果有很大影响的结论，并提出采取激励相容的规制政策，以改善由于企业策略性行为造成的福利损失。另外，国外不少学者还进行了模型的实证检验；而国内对环境规制中企业策略性行为的研究比较匮乏。

本文在 Fowlie（2008）排污泄漏模型的基础上，结合我国火力发电产业的实际，从理论上修改了排污泄漏模型，研究不完全规制时，在征收排污费规制政策工具下，寡头企业的策略性行为，并通过数据模拟，验证了模型的结论。

本文第二部分讨论了环境规制不完全下寡头企业的策略性行为，包括在 Fowlie（2008）模型排污泄漏模型的基础上，分析了不完全规制时，在征收排污费规制政策工具下寡头企业的策略性行为。第三部分以我国火力发电产业环境规制为例，对不完全规制下寡头企业策略性行为进行了数值模拟分析；第四部分得出了四点结论。

二　环境规制不完全下寡头企业的策略性行为

（一）Fowlie（2008）模型排污泄漏模型

环境污染具有典型的外部性，环境规制是解决这一问题的主要政策工具，但是，规制者在制定相应的规制政策的时候，可能由于政治、法律以及技术的影响，对环境的规制并不完全，特别是规制者对于一些中小企业、民间作坊的规制并不完全。由于规制的不完全，被规制的企业成本会增加，没有被规制的企业成本会降低，如果被规制的企业之间产品是同质的，那么，没有被规制的企业会生产更多的产品以提高市场占有率，而被规制的企业由于规制所减少的排污量很可能被没有被规制的企业增加的排污量抵消。

Fowlie（2008）对这种效应进行了深入探讨，他分析了规制者采用排污权交易政策工具进行规制时，不完全环境规制下，寡头企业的策略性行为。

假设 1：模型中排污企业所在产品市场结构是不完全竞争的，市场中有 N

个 （$i \in \{1, \cdots, N\}$）排污企业，N 的数量固定，不存在进入与退出。

假设2：排污企业生产的产品是同质产品，排污企业通过古诺竞争，即通过选择产量最大化利润。排污企业 i 的生产的产量为 $q_i(i \in \{1, \cdots, N\})$。所有企业的总产出为 $Q(Q = \sum_{i=1}^{N} q_i)$。而且产品需求函数为 $P = a - bQ$。排污企业的成本函数为 $C_i(q_i)$，将边际成本 $C'_i(q_i)$ 用 c_i 表示，排污企业的生产的边际成本只与排污企业产品生产的工艺有关。

假设3：对于每个被规制的排污企业 i 来说，排污量为 e_i，其中每单位产量的排污率为 r_i，排污企业的污染治理水平是固定的，即 r_i 对于每个企业来说是固定的，$e_i = q_i r_i$。对于整个社会来说，总的排污量为 $D(D = \sum_{i=1}^{N} q_i r_i \ (i \in \{1, \cdots, N\})$。

假设4：规制者运用排污权交易的政策工具对排污企业进行规制，并给每个排污企业一个初始的排放权配额 A_i，排放权可以交易，交易价格为 τ。

假设5：引入一个状态变量 d_i 表示排污企业是否被规制，当 $d_i = 1$，则排污企业被规制；当 $d_i = 0$，则排污企业没有受到规制。

假设6：规制者的目标是社会福利最大化，排污企业的目标是自身利益最大化。

根据假设可知：

排污企业的利润可以表示为 π_i：

$$\pi_i = Pq_i - c_i q_i + \tau(A_i - d_i r_i q_i) \tag{1}$$

求得利润最大化时的一阶条件为：

$$\frac{\partial \pi_i}{\partial q_i} = P + P'_{q_i} - c_i - d_i r_i \tau = 0 \tag{2}$$

其中，因为 $P = a - bQ$，所以 $P' = -b$，则对于 N 个排污企业有：

$$N(a - bQ) - bQ - \sum_{i=1}^{N} c_i - \tau \sum_{i=1}^{N} d_i r_i = 0 \tag{3}$$

其中，对于每个排污企业有：

$$q^*(d) = \frac{a - bQ - c - \tau d_i r_i}{b} \tag{4}$$

求得纳什—古诺博弈的均衡总产量 $Q^*(d)$，以及每个排污企业的均衡产量 $q^*(d)$。

$$Q^*(d) = \frac{Na + \sum_{i=1}^{N}(c_i - \tau \sum_{i=1}^{N} d_i r_i)}{(N+1)b} \tag{5}$$

进而推导出排污企业的均衡产量 $q_i^*(d)$：

$$q_i^*(d) \frac{a + \sum_{i=1}^{N}(c_i + \tau d_i r_i) - (N+1)(c_i + \tau d_i r_i)}{(N+1)b} \tag{6}$$

Fowlie（2008）模型定义排污泄漏。排污泄漏是指排污企业不完全规制时的排污量与不规制时的排污量之间的差值。设排污企业在不完全规制时的产量为 q^*，在不规制时的产量为 q°。

根据 Fowlie（2008）的分析可知：

$$L = \sum_{i=1}^{N} (1 - d_i) r_i (q_i^* - q_i^\circ) \tag{7}$$

$$= \sum_{i=1}^{N} (1 - d_i) r_i \left(\frac{a + \sum_{i=1}^{N} (c_i + \tau d_i r_i) - (N+1)(c_i + \tau d_1 r_i)}{(N+1)b} - \frac{a + \sum_{i=1}^{N} c_i - (N+1)c_i}{(N+1)b} \right)$$

$$= \sum_{i=1}^{N} (1 - d_i) r_i \left(\frac{\sum_{i=1}^{N} \tau d_i r_i - (N+1) \tau d_i r_i}{(N+1)b} \right)$$

$$= \frac{1}{(N+1)b} \sum_{i=1}^{N} \left[(1 - d_i) r_i \sum_{i=1}^{N} \tau d_i r_i \right] - \frac{1}{b} \sum_{i=1}^{N} \left[(1 - d_i) r_i \tau d_i r_i \right] \tag{8}$$

因为不论 d_i 取何值，$\dfrac{1}{b} \sum_{i=1}^{N} \left[(1 - d_i) r_i \tau d_i r_i \right] = 0$

则有 $L = \dfrac{1}{(N+1)b} \sum_{i=1}^{N} \left[(1 - d_i) r_i \sum_{i=1}^{N} \tau d_i r_i \right]$ \hfill (9)

令 $N_i = \sum_{i=1}^{N} d_i$，$N_0 = \sum_{i=1}^{N} (1 - d_i)$，$\bar{r}_1$ 为受规制排污企业的平均排污率，$\bar{r}_0$ 为不受规制排污企业的平均排污率。

则 $L = \dfrac{N_0 \bar{r}_0 (\tau N_i \bar{r}_1)}{(N+1) b} = \dfrac{N_0 N_1}{(N+1) b} \tau \bar{r}_0 \bar{r}_1$ \hfill (10)

Fowlie（2008）通过分析排污企业是否受到规制时的产量得到以下结论：

第一，当其他条件不变的情况下，排污泄漏 L 随着 $\bar{r}_1$、$\bar{r}_0$ 的增加而增加，这意味着排污企业的污染治理水平对排污差值的影响同方向。

第二，当其他条件不变的情况下，排污泄漏 L 与需求价格弹性的大小有关，当需求价格弹性越小时，b 越大，排污企业受到规制与不受规制的排污差值越小；反之，b 越小，排污差值越大。

第三，将 B 定义为没有规制，COMP 定义为完全规制，INC 定义为不完全规制，考虑这三种情况下的被规制排污企业的均衡产量。可以得到 $Q^B > Q^{INC} > Q^{COMP}$，即由于规制增加了企业的平均边际成本，从而均衡产量的减少。

第四，当不规制企业的平均排污率大于被规制企业的平均排污率（$\bar{r}_0 > \bar{r}_1$），且 $\dfrac{N}{N+1} > \dfrac{r_1^2}{r r_1}$ 时，排污企业不完全规制时的总排放量大于不规制时的总排放量，不完全规制的效果不如不规制。

第五，当不受规制排污企业的平均排污率小于被规制排污企业的平均排污率（$\bar{r}_0 > \bar{r}_1$），且 $\dfrac{N}{N+1} > \dfrac{\bar{r}_0^2}{rr_0}$ 时，完全规制时的总排放量大于不完全规制时的总排放量，完全规制的效果不如不完全规制。

Fowlie（2008）研究了不完全环境规制下寡头企业的策略性行为以及造成的排放泄露，但没有分析规制者不完全环境规制时，运用征收排污费进行规制下寡头企业的策略性行为。而在我国则广泛采用排污费手段进行规制，即通过价格进行规制，而运用排放权交易进行规制仅仅有几个地区进行试点，目前并没有形成完善的排放权交易市场，其交易价格的不确定因素较多，离市场均衡价格尚远。因此，根据我国实际，分析运用排污费进行环境规制更具现实意义。

下面，我们对 Fowlie（2008）的模型进行修改，并分析不完全环境规制时，运用征收排污费进行规制下寡头企业的策略性行为。

（二）不完全规制时，排污费规制下寡头企业策略性行为研究

1. 模型修改

假设1：模型中排污企业所在产品市场结构是不完全竞争的，市场中有 N 个（$i \in \{1, \cdots, N\}$）排污企业，N 的数量固定，不存在进入与退出。

假设2：排污企业生产的产品是同质产品，排污企业通过古诺竞争，即通过选择产量最大化利润。排污企业 i 的生产的产量为 $q_i(i \in \{1, \cdots, N\})$。所有企业的总产出为 $Q(Q = \sum\limits_{i=1}^{N} q_i)$。而且产品需求函数为 $P = a - bQ$。排污企业的成本函数为 $C_i(q_i)$，将边际成本 $C_i'(q_i)$ 用 c_i 表示，排污企业的生产的边际成本只与排污企业产品生产的工艺有关。

假设3：对于每个被规制的排污企业 i 来说，排污量为 e_i，其中每单位产量的排污率为 r_i，排污企业的污染治理水平是固定的，即 r_i 对于每个企业来说是固定的，$e_i = q_i r_i$。对于整个社会来说，总的排污量为 $D[D = \sum\limits_{i=1}^{N} q_i r_i$（$i \in \{1, \cdots, N\}$）]。

假设4：规制者运用排污费的政策工具对排污企业进行规制，每单位排污量征收费用为 τ。

假设5：引入一个状态变量 d_i 表示排污企业是否被规制，当 $d_i = 1$，则排污企业被规制；当 $d_i = 0$，则排污企业没有受到规制。

假设6：规制者的目标是社会福利最大化，排污企业的目标是自身利益最大化。

假设1至假设6中主要修改了假设4，其他假设与 Fowlie（2008）的假设一致。

由于排放权交易在初始的时候会给予一个排放权配额，Fowlie（2008）假

设这个配额为 A_i，在排放权交易市场中，排放权的交易价格为 τ。本文根据排污费的原理，假设每单位排污量征收费用为 τ，且不存在初始配额 A_i。

这里，假设的每单位排污量征收费用 τ 不同于排放权交易价格 τ。排污费是规制者制定的每单位规制价格，而排放权交易价格为被规制者在进行交易时达成的交易价格。

2. 模型分析

根据假设可知：

排污企业的利润可以表示为 π_i：

$$\pi_i = pq_i - c_i q_i - d_i \tau r_i q_i \tag{11}$$

求得利润最大化时的一阶条件为与（2.2）式一致，即

$$\frac{\partial \pi_i}{\partial q_i} = P + P' q_i - c_i - d_i r_i \tau = 0$$

因为 $P = a - bQ$，所以 $P' = -b$，得到的均衡结果为：

$$Q^*(d) = \frac{Na - \sum_{i=1}^{N} c_i - \tau \sum_{i=1}^{N} d_i r_i}{(N+1)b} \tag{5}$$

$$q_i^*(d) = \frac{a + \sum_{i=1}^{N}(c_i + \tau d_i r_i) - (N+1)(c_i + \tau d_i r_i)}{(N+1)b} \tag{6}$$

$$L = \frac{1}{(N+1)b} \sum_{i=1}^{N} \left[(1 - d_i) r_i \sum_{i=1}^{N} \tau d_i r_i \right] \tag{9}$$

$$= \frac{N_0 \bar{r}_0 (\tau N_1 \bar{r}_1)}{(N+1)b} = \frac{N_0 N_1}{(N+1)b} \tau \bar{r}_0 \bar{r}_1 \tag{10}$$

现在本文讨论，在不完全规制时，征收排污费进行规制下企业的策略性行为及排污泄露情况：

（1）当其他条件不变的情况下，排污泄漏 L 随着 $\bar{r}_1$、$\bar{r}_0$，的增加而增加，这意味着排污企业的污染治理水平对排污差值的影响同方向。

（2）当其他条件不变的情况下，排污泄漏 L 与需求价格弹性的大小有关，当需求价格弹性越小时，b 越大，排污企业受到规制与不受规制的排污差值越小，此时，环境规制的效果最小；反之，b 越小，排污差值越大。

（3）在分析均衡产量，由于利润最大化时，得到的均衡结果一致，所以也可以得到：$Q^B > Q^{INC} > Q^{COMP}$。

（4）运用排污费进行规制，不规制与不完全规制时排污泄露比较。

一般情况下，如果规制有效，则排污企业不完全规制时的总排放量小于不规制时的总排放量。如果规制无效，则排污企业不完全规制时的总排放量大于不规制时的总排放量。

因为不规制时的总排放量为：

$$\sum_{i=1}^{N} r_i q_i^*(d) = \sum_{i=1}^{N} r_i \left(\frac{a + \sum_{i=1}^{N} c_i - (N+1) c_i}{(N+1)b} \right) \tag{12}$$

不完全规制时的总排放量为：

$$\sum_{i=1}^{N} r_i q_i^*(d) = \sum_{i=1}^{N} r_i \left(\frac{a + \sum_{i=1}^{N} (c_i + \tau d_i r_i) - (N+1)(c_i + \tau d_i r_i)}{(N+1)b} \right) \tag{13}$$

两式相减得：

$$\Delta E = \sum_{i=1}^{N} r_i \left(\frac{a + \sum_{i=1}^{N} (c_i + \tau d_i r_i) - (N+1)(c_i + \tau d_i r_i)}{(N+1)b} \right) -$$

$$\sum_{i=1}^{N} r_i \left(\frac{a + \sum_{i=1}^{N} c_i - (N+1) c_i}{(N+1)b} \right) > 0 \tag{15}$$

$$= \sum_{i=1}^{N} r_i \left(\frac{\sum_{i=1}^{N} (c_i + \tau d_i r_i) - (N+1)(c_i + \tau_i r_i)}{(N+1)b} \right) > 0 \tag{16}$$

推导出 $\sum_{i=1}^{N} r_i \left(\sum_{i=1}^{N} \tau d_i r_i - (N+1)(\tau d_i r_i) \right) > 0$ \hfill (17)

$$\sum_{i=1}^{N} r_i \sum_{i=1}^{N} \tau d_i r_i > (N+1)(\tau d_i r_i^2) \tag{18}$$

因为： $N_1 = \sum_{i=1}^{N} d_i, N_0 = \sum_{i=1}^{N} (1 - d_i), \bar{r} = \dfrac{\sum_{i=1}^{N} r_i}{N}$，则 $\overline{r_1^2} = \dfrac{\sum_{i=1}^{N} d_i \overline{r_1^2}}{N_1}, \overline{r_0^2} =$

$\dfrac{\sum_{i=1}^{N} (1 - d_i) \overline{r_i^2}}{N_0}$。

则上式可以化简为：

$$N \overline{r_0} \overline{r_1} > (N+1) \overline{r_i^2}) \tag{19}$$

得到 $\dfrac{N}{N+1} > \dfrac{\overline{r_1^2}}{\overline{r r_1}}$ \hfill (20)

如果 $\overline{r_0} > \overline{r_1}$，则 $\dfrac{\overline{r_1^2}}{\overline{r r}} < 1$，而当 N 很大时，求极限 $\lim \dfrac{1}{N+1} = 1$，得到当不受

规制排污企业的平均排污率大于被规制排污企业的平均排污率（$\overline{r_0} > \overline{r_1}$）时，
则这些排污企业不完全规制时的总排放量大于不规制时的总排放量。

所以，当不规制企业的平均排污率大于被规制企业的平均排污率（$\overline{r_0}$、

$\overline{r_1}$），且$\dfrac{N}{N+1} > \dfrac{\overline{r_1^2}}{\overline{rr_1}}$时，排污企业不完全规制时的总排放量大于不规制时的总排放量，不完全规制的效果不如不规制。

（5）运用排污费进行规制，不完全规制与完全规制时排污泄露比较。

一般情况下，如果规制有效，则排污企业完全规制时的总排放量小于他们不完全规制时的总排放量。如果规制无效，则排污企业完全规制时的总排放量大于他们不完全规制时的总排放量。

因为不完全规制时的总排放量为：

$$\sum_{i=1}^{N} r_i q_i^*(d) = \sum_{i=1}^{N} r_i \left(\frac{a + \sum_{i=1}^{N}(c_i + \tau d_i r_i) - (N+1)(c_i + \tau d_i r_i)}{(N+1)b} \right) \tag{13}$$

完全规制时的总排放量为：

$$\sum_{i=1}^{N} r_i q_i^*(d) = \sum_{i=1}^{N} r_i \left(\frac{a + \sum_{i=1}^{N}(c_i + \tau r_i) - (N+1)(c_i + \tau r_i)}{(N+1)b} \right) \tag{14}$$

两式相减得：

$$\Delta E = \sum_{i=1}^{N} r_i \left(\frac{a + \sum_{i=1}^{N}(c_i + \tau r_i) - (N+1)(c_i + \tau r_i)}{(N+1)b} \right) - \sum_{i=1}^{N} r_i$$

$$\left(\frac{a + \sum_{i=1}^{N}(c_i + \tau d_i r_i) - (N+1)(c_i + \tau d_i r_i)}{(N+1)b} \right) > 0 \tag{21}$$

化简得：

$$\sum_{i=1}^{N} r_i \sum_{i=1}^{N} d_i r_i - \sum_{i=1}^{N} r_i \sum_{i=1}^{N} r_i < (N+1)\left(\sum_{i=1}^{N} r_i d_i r_i - \sum_{i=1}^{N} r_i r_i \right) \tag{22}$$

推导出：$\sum_{i=1}^{N} r_i \left(\sum_{i=1}^{N}(1-d_i)r_i \right) > (N+1)\left(\sum_{i=1}^{N}(1-d_i)r_i^2 \right)$ （23）

推导出：$N\overline{r}N_0\overline{r_0} > (N+1)N_0\overline{r_0^2}$ （24）

得到：$N\overline{r}N_0\overline{r_0} > (N+1)N_0\overline{r_0^2}$ （25）

得到：$\dfrac{N}{N+1} > \dfrac{\overline{r_0^2}}{\overline{rr_0}}$ （26）

因为已知条件，$\overline{r_0} < \overline{r_1}$，所以$\dfrac{\overline{r_0^2}}{\overline{rr_0}} > 1$，而当$N$很大时，求极限$\lim \dfrac{N}{N+1} = 1$，进而当不受规制排污企业的平均排污率小于被规制排污企业的平均排污率（$\overline{r_0} < \overline{r_1}$），则这些排污企业完全规制时的总排放量大于不完全规制时的总排

放量。

所以，当不受规制排污企业的平均排污率小于被规制排污企业的平均排污率（$\overline{r}_0 > \overline{r}_1$），且 $\dfrac{N}{N+1} > \dfrac{\overline{r}_0^2}{r r_0}$ 时，完全规制时的总排放量大于不完全规制时的总排放量，完全规制的效果不如不完全规制。

（6）运用排污费进行规制，不完全规制与不规制时排污泄露比较。

因为不规制时的总排放量为：

$$\sum_{i=1}^{N} r_i q_i^*(d) = \sum_{i=1}^{N} r_i \left(\frac{a + \sum_{i=1}^{N} c_i - (N+1)c_i}{(N+1)b} \right) \tag{12}$$

完全规制时的总排放量为：

$$\sum_{i=1}^{N} r_i q_i^*(d) = \sum_{i=1}^{N} r_i \left(\frac{a + \sum_{i=1}^{N} (c_i + \tau r_i) - (N+1)(c_i + \tau r_i)}{(N+1)b} \right) \tag{14}$$

$$\Delta E = \sum_{i=1}^{N} r_i \left(\frac{a + \sum_{i=1}^{N} c_i - (N+1)c_i}{(N+1)b} \right) -$$

$$\sum_{i=1}^{N} r_i \left(\frac{a + \sum_{i=1}^{N} (c_i + \tau r_i) - (N+1)(c_i + \tau r_i)}{(N+1)b} \right) \tag{27}$$

$$\Delta E = \sum_{i=1}^{N} r_i \left(\frac{-\sum_{i=1}^{N} (\tau r_i) + (N+1)(\tau r_i)}{(N+1)b} \right) > 0 \tag{28}$$

当排污企业均受到规制时，排污企业的均衡产量因为排污费的征收，均降低，其中由于 r_{high} 型企业，r_i 较大，所以 $(N+1)(c_i + \tau d_i r_i)$ 大，进而均衡产量较小，总排放量减少。

所以，不论何种情况，排污企业完全规制时的总排放量均小于他们不规制时的总排放量。

（7）前文都是分析寡头企业策略性行为。最后本文分析完全竞争市场及垄断市场结构中，不完全规制时，运用排污费进行规制下企业的策略性行为。

完全竞争市场中，由于完全竞争市场中企业数量很多，价格外生给定，排污企业在市场中所占份额很小，因而排放泄露很小。

在垄断市场中，只有一个企业，可以指定和选择价格以最大化利润，在这样的情况下，泄露只与此企业相关，当此排污企业受到规制与不受规制的产量相差越大，则泄露越大。

2. 模型结论

（1）当其他条件不变的情况下，排污泄漏 L 随着 $\overline{r}_1$、$\overline{r}_0$ 的增加而增加。

这意味着排污企业的污染治理水平对排污差值的影响同方向。

（2）当其他条件不变的情况下，排污泄漏 L 与需求价格弹性的大小有关。当需求价格弹性越小时，b 越大，排污企业受到规制与不受规制的排污差值越小，此时，环境规制的效果最小；反之，b 越小，排污差值越大。

（3）在分析均衡产量，由于利润最大化时，得到的均衡结果一致，所以也可以得到：$Q^B > Q^{INC} > Q^{COMP}$。

（4）运用排污费进行规制，当不规制企业的平均排污率大于被规制企业的平均排污率 $(\bar{r}_0 > \bar{r}_1)$，且 $\dfrac{N}{N+1} > \dfrac{\overline{r_1^2}}{\overline{rr_1}}$ 时，排污企业不完全规制时的总排放量大于不规制时的总排放量，不完全规制的效果不如不规制。

（5）当不受规制排污企业的平均排污率小于被规制排污企业的平均排污率 $(\bar{r}_0 < \bar{r}_1)$，且 $\dfrac{N}{N+1} > \dfrac{\overline{r_0^2}}{\overline{rr_0}}$ 时，完全规制时的总排放量大于不完全规制时的总排放量，完全规制的效果不如不完全规制。

（6）运用征收排污费进行规制下，不论何种情况，排污企业完全规制时的总排放量均小于不规制时的总排放量。

（7）市场结构不同，排污泄露情况不一。完全竞争市场中，由于企业数量很多，价格外生给定，排污企业在市场中所占份额很小，因而排放泄露很小。在垄断市场中，只有一个企业，可以指定和选择价格以最大化利润，在这样的情况下，泄露只与此企业相关，当此排污企业受到规制与不受规制的产量相差越大，则泄露越大。

根据分析可知，不论采取排污费和排放权二者中的何种规制政策工具，政府环境规制造成的排污泄露一致。排污泄漏 L 与规制企业的平均排污率和不被规制企业的平均排污率、需求价格弹性等因素相关。

三　不完全规制下排污企业策略性行为数值模拟分析

在理论分析中，本文对不完全环境规制下，分别采用征收排污费（价格规制）以及进行排污权交易（总量规制）时，排污企业的策略性行为造成的社会总体排污量进行了分析。分析发现，从均衡产量角度来说，存在 $Q^B > Q^{INC} > Q^{COMP}$。但是，从社会总排污量的角度看，这种关系却不一定成立，存在在一定的情况下不完全规制的排污量 > 不规制的排污量以及完全规制的排污量 > 不完全规制的排污量。理论分析提供了一个不同的规制分析角度，在特定的情况下，并不是对所有企业进行规制就能起到改善环境的效果，必须针对特定的情况制定不同的环境监管措施。

为了使结果更加简明易见，本文对模型进行数值模拟研究，它可以为政府进行环境规制程度选择给出一定的参考意义。

由于我国排污权交易处于试点阶段，没有形成排污权交易市场，目前排污权交易案例中二氧化硫价格波动较大，还有一些并没有形成交易价格，而是以烟尘排放量的增加量来补偿二氧化硫排放的减少量，而且大多试点交易案例都是在当地环保局的推动下进行的交易，或者是交易双方进行排污权拍卖或者磋商交易，并没有形成排污权交易市场，缺乏排污权交易市场的数据，所以本文不对是进行排污权交易规制进行模拟分析，仅仅对排污费征收程度进行模拟分析，并从数值模拟当中对我国火电企业环境规制政策进行评价。

（一）研究假设

由于统计数据的难以获得性、现有数据的真实性以及现实环境规制的复杂性，进行实证研究难度较大。所以，本文采取数值模拟的形式，根据现有数据进行假设。假设的环境与现实环境不同，但是，可以通过数值模拟得出在假设环境下的环境规制情况，以及为现实环境规制提供的参考。

刘金平（2010）认为，纳入排污监管的企业只占少数，有大量的中小企业没有纳入排污监管范围。"企业规模会对企业的排污强度和排污系数产生影响，规模越大的企业，其排污强度和排污系数越低，规模越小的企业，其排污强度和排污系数越高。以上的分析表明，要切实改进环境状况，排污监管不能仅关注大企业，中小企业才是污染的主要来源。但是，对中小企业的排污监管还存在许多困境，导致政府很难提升对中小企业的排污监管水平。"[①] 所以，在数值模拟时，本文根据此情况，将电厂分为大型、中型、小型来进行模拟。

因为排污权交易市场尚不成熟，本文数值模拟仅考虑政府对火电厂征收排污费这一规制政策，数值模拟的环境为一个火力发电充足的区域，假设某一区域主要是通过火电厂发电来供应电力。同时假设此区域火力发电所产生的电力全部用于本地区，没有向外输送，这个假设在于减少泄漏。根据我国火力发电市场集中程度，在进行数值模拟分析时，假设这一区域一共有三家电厂进行供电，既大型发电厂、中型发电厂以及小型发电厂。

由于电力是同质产品，电厂通过古诺竞争，即通过选择产量最大化利润。火电厂的成本函数为 $C_i(q_i)$，边际成本 c_i，排污量为 e_i，排污率为 r_i。规制者每单位排污量征收费用为τ。根据国家统计局公布的历年电力需求弹性与电力生产弹性，以及计算的方便，假设我国电力需求函数为 $P = 80 - Q$。

由于本文针对火力发电厂，而我国火力发电厂发电后需要销售给电网，而不直接销售给居民，所以电力需求函数中的 P 指的是上网电价，而 Q 指的是上网电量。

---

① 刘金平：《中小企业排污监管机制研究》，重庆大学，2010 年。

（二）模拟变量赋值

大型发电厂（电厂1）的数据根据我国五大发电集团的数据进行模拟，中型发电厂（电厂2）的数据根据全国平均数据模拟，小型发电厂（电厂3）的数据根据国内小型发电厂数据模拟。模拟的数值均根据实际平均数值进行取整，并注重三个电厂之间的模拟数值的比例，以及最终数值计算的方便假设。假设电厂1至电厂3的边际生产成本及排污率为：

表 3 – 1　　　　　　电厂1至电厂3的边际生产成本及排污率

	边际生产成本（C_i）	排污率（r_i）
电厂1	3	2
电厂2	4	4
电厂3	5	4

$$q_i^*(d) = \frac{a + \sum_{i=1}^{N}(c_i + \tau d_i r_i) - (N+1)(c_i + \tau d_i r_i)}{(N+1)b} \tag{6}$$

根据之前假设 $P = 80 - Q$，即 $a = 80$，$b = 1$，且假设 $\tau = 2$。

（三）数值模拟及结果分析

分别代入数据得到：

1. 产量

就单个电厂的产量而言，当电厂受到规制时，出于利润最大化的考虑会降低产量。根据表3–2不同情形下数值模拟的结果，进一步分析每种情形下，各个电厂的市场份额可以得到规制政策不同，企业的策略性行为会导致市场份额的变化。

表 3 – 2　　　　　　不同规制程度下电厂数值模拟结果

情形			电厂1	电厂2	电厂3
规制者不进行规制	（1）电厂1、电厂2、电厂3均不受规制	单个电厂均衡产量	20	19	18
		单个电厂排污量	40	76	72
		社会总产量	57		
		社会总排污量	188		

	情形		电厂1	电厂2	电厂3
规制者完全规制	（2）电厂1、电厂2、电厂3均受规制	单个电厂均衡产量	21	16	15
		单个电厂排污量	42	64	60
		社会总产量	52		
		社会总排污量	166		
规制者不完全规制	（3）规制电厂1，不规制电厂2、电厂3	单个电厂均衡产量	17	20	19
		单个电厂排污量	34	80	76
		社会总产量	56		
		社会总排污量	190		
	（4）规制电厂2，不规制电厂1、电厂3	单个电厂均衡产量	22	13	20
		单个电厂排污量	44	52	80
		社会总产量	55		
		社会总排污量	176		
	（5）规制电厂3，不规制电厂1、电厂2	单个电厂均衡产量	22	21	12
		单个电厂排污量	44	84	48
		社会总产量	55		
		社会总排污量	176		
	（6）规制电厂1、电厂2，不规制电厂3	单个电厂均衡产量	19	14	21
		单个电厂排污量	38	56	84
		社会总产量	54		
		社会总排污量	178		
	（7）规制电厂1、电厂3，不规制电厂2	单个电厂均衡产量	19	22	13
		单个电厂排污量	38	88	52
		社会总产量	54		
		社会总排污量	178		
	（8）规制电厂2、电厂3，不规制电厂1	单个电厂均衡产量	24	15	14
		单个电厂排污量	48	60	56
		社会总产量	53		
		社会总排污量	164		

　　由于电厂1的排污率、边际成本较低，可以说电厂1是具有先进技术的优质厂商。从这个角度而言看电厂1在不规制与完全规制下的产量，可以发现，在完全规制时，电厂1的产量增加，电厂2、电厂3的产量相对于不规制时有所降低，完全规制增加了电厂1的市场份额。当对电厂2、电厂3进行规制而

不对电厂 1 进行规制时 [情形 (8)] 电厂 1 的市场份额最大,达到 45%,此时社会总排污量最小。

表 3-3　　　　　　　　　不同规制程度下电厂市场份额

情形	市场份额 (%)		
	电厂 1	电厂 2	电厂 2
(1)	35	33	32
(2)	40	31	29
(3)	30	36	34
(4)	40	24	36
(5)	40	38	22
(6)	35	26	39
(7)	35	41	24
(8)	45	28	26

就社会总产量而言,最小的产量为情形 (2):完全规制时的产量,最大的产量为情形 (1):不规制时的产量,而情形 (3):不完全规制的产量在其他两种情形之间。符合模型分析中 $Q^B > Q^{INC} > Q^{COMP}$ 的结论。

2. 排污量

就社会总排污量看,最小的排污量是情形 (8) 不完全规制中规制电厂 2、电厂 3,不规制电厂 1 的情况,排污量为 164,而并非情形 (2):完全规制,排污量为 166。最大排污量也并未不规制时的排污量 188,而是情形 (3) 中规制电厂 1,不规制电厂 2、电厂 3 时的排污量 190。

这个结论非常有意思,与一般预想并不一致,并不是规制越严格排污量越小,也并不是规制越放松排污量最大。从理论模型中得到,被规制者的平均排污率与不被规制者的平均排污率对社会总排污量的大小有一定影响。

表 3-4　　　　　　不同情形下受规制排污企业的平均排污率 ($\overline{r}_1$),

不受规制排污企业的平均排污率 ($\overline{r}_0$)

情形	$\overline{r}$	$\dfrac{N}{N+1}$	$\overline{r}_1$	$\overline{r_1^2}$	$\overline{r}_0$	$\overline{r_1^2}$	$\dfrac{\overline{r_1^2}}{r\overline{r}_1}$	$\dfrac{\overline{r_0^2}}{r\overline{r}_0}$
(1) 不规制			—	—	3.33	12	—	
(2) 完全规制			3.33	12	—	—	—	
(3)	3.33	0.75	2	4	4	16	0.6	1.2
(4)			4	16	3	10	1.2	1
(5)			4	16	3	10	1.2	1

续表

情形			$\bar{r}$	$\overline{r_1^2}$	$\overline{r_0}$	$\overline{r_1^2}$	$\dfrac{\overline{r_1^2}}{\overline{rr_1}}$	$\dfrac{\overline{r_0^2}}{\overline{rr_0}}$
(6)	3.33	0.75	3	10	4	16	1	1.2
(7)			3	10	4	16	1	1.2
(8)			4	16	2	4	1.2	0.6

根据第二节对不完全规制时，运用征收排污费进行规制下，企业的策略性行为分析，可以知道 $\overline{r_0} > \overline{r_1}$，且满足 $\dfrac{N}{N+1} > \dfrac{\overline{r_1^2}}{\overline{rr_1}}$ 时，这些排污企业不完全规制时的总排放量大于不规制时的总排放量。当 $\overline{r_0} < \overline{r_1}$，且 $\dfrac{N}{N+1} > \dfrac{\overline{r_0^2}}{\overline{rr_0}}$，则这些排污企业完全规制时的总排放量大于不完全规制时的总排放量，完全规制的减排效果不如不完全规制。

从数值模拟结果而言，情形（3）满足 $\overline{r_0} = 4 > \overline{r_1} = 2$，且 $\dfrac{N}{N+1} = 0.75 > \dfrac{\overline{r_1^2}}{\overline{rr_1}} = 6$，而得出的数值模拟结果，不完全规制时社会总排放量为 190，而不规制时的社会总排放量为 188，仅对电厂 1 进行规制反而社会总排放量增加，规制失效。

情形（8）满足 $\overline{r_0} = 2 < \overline{r_1} = 4$，且 $\dfrac{N}{N+1} = 0.75 > \dfrac{\overline{r_1^2}}{\overline{rr_1}} = 0.6$，而得出的数值模拟结果，不完全规制时社会总排放量为 164，而完全规制时的社会总排放量为 166，完全规制时的总排放量大于不完全规制时的总排放量，完全规制的减排效果不如不完全规制。

从以上分析可以得到，环境规制的效果受到规制程度、被规制企业以及不被规制企业平均排污率的影响。在一定情况下，不规制的效果优于规制，不完全规制的效果优于完全规制。数值模拟研究结果从一定程度上说明，当排污企业的排污率低到某一水平时，可以考虑放松对这类企业的规制。这样，污染率低的企业产量将提高，市场份额增加，而污染率高的企业市场降低。当污染率高的企业因产量下降导致的污染减排排放量大于污染率低的企业由于产量上升增加的污染排放量时，放松管制就起到了促进环境改善的作用。

四　结论

就目前我国环境规制的现实情况而言，虽然仍然广泛运用命令—控制型环境规制政策工具，但排污费已经征收多年，排污权交易也在积极试点中，环保部"十二五"期间在环境规制相关文件中，也多次提到要提高基于市场型环境规制政策工具的运用。因此，既要比较和评价两种环境规制工具不同效果；又要积极创造条件，广泛地运用基于市场的环境规制工具。

本文在理论模型推导和数值模拟分析后，提出以下几点结论：

第一，在两种不同的环境规制政策工具下实现均衡时，环境规制程度产生的排污泄露相同。排污泄漏与被规制企业的平均排污率、不被规制企业的平均排污率相关。

第二，不同环境规制程度下，从企业均衡产量角度来说，存在 $Q^B > Q^{INC} > Q^{COMP}$。即规制增加了企业成本，导致企业产量减少。

第三，在不同规制程度下，不同市场结构对规制程度选择的影响不同。完全竞争市场中，企业数量很多，排污企业在市场中所占份额很小，价格外生给定，所以排放泄露很小，规制与不规制时的排污差值小，规制与不规制效果差不多。在垄断市场中，只有一个企业，可以指定和选择价格以最大化利润，在这样的情况下，泄露只与此企业相关，当此排污企业受到规制与不受规制的排污率相差越大，则泄露越大。而在不完全竞争市场中，规制者规制程度选择就比较复杂，并不一定存在加强规制一定导致排污减少，放松规制一定导致排污增加的情况。

第四，不同规制程度下寡头企业的策略性行为可能导致规制失效。从社会总排放量的角度看，排放量并不仅与排污企业的产量相关，排放量还受到排污企业规制时的平均排污率，以及不受规制时的平均排污率，所有企业的平均排污率以及市场中企业数量的影响；特别是会受到寡头企业策略性行为的影响。研究发现，相对于完全规制而言，可能出现不完全规制的排污量更小的情况；相对于不完全规制而言，也可能出现不规制时的排污量更小的情况，这不同于以往研究。但是，这个研究结果，能够解释现实中存在的一些规制失效的状况。

参考文献

［1］ B. Peter Pashigian, The Political Economy of the Clean Air Act: Regional Self – interest in Environmental Legislation ［M］. St. Louis: Center for the Study of American Business, Washington University, 1982.

［2］ Catherine L. Kling and John Crooker, Nonparametric Bounds on Welfare Measures: A New Tool for Nonmarket Valuation ［J］. *Journal of Environmental Economics and Management*, 2000, 39 (2): 145 – 161.

［3］ Dasgupta Partha, Hammond Peter and Maskin et al. , On Imperfect Information and Optimal Pollution Control ［J］. *Review of Economic Studies*, Wiley Blackwell, 1980, 47 (5), 857 – 860.

〔4〕Fowlie, M., Incomplete Environmental Regulation, Imperfect Incomplete Competition and EmissionLeakage. NBER Working Paper No. 14421, 2008.

〔5〕Harford, J. D., Firm Ownership Patterns and Motives for Voluntary Pollution Control 〔J〕. *Managerial and Decision Economics*, 1997, 18 (6): 421 −32.

〔6〕Hemmel, Skamp J., Environmental Taxes and Standards: An Empirical Analysis of the Impact on Innovation. In: Hemmel, Skamp J., Rennings, K. and Leone, F., Innovation − oriented Environmental Regulation − Thedretical Approaches and Empirical Analysis 〔M〕. Beriin: Heidelberg, 2000.

〔7〕Ingo Vogelsang, Jorg Finsinger, A Regulatory Adjustment Process for Optimal Pricing by Multi − product Monopoly Firms 〔J〕. *Bell Journal of Economics*, The RAND Corporation, 1979, 10 (1), 157 −171.

〔8〕K. 哈密尔顿等:《里约后五年:环境政策创新》,张庆丰等译,中国环境科学出版社 1998 年版。

〔9〕Kwerel, To Tell the Truth: Imperfect Information and Optimal Pollution Control 〔J〕. *Review of Economic Studies*, 1977, 44: 595 −601.

〔10〕Lawrence H. Goulder and Koshy Mathai, Optimal CO_2 Abatement in the Presence of Induced Technological Change 〔DB/OL〕. http: //www. nber. org/papers/w6494, 1998 −4.

〔11〕Martin Loeb and Wesley A. Magat, A Decentralized Method for Utility Regulation 〔J〕. *Journal of Law and Economics*, 1979, 22 (2): 399 −404.

〔12〕Moledina, A. A., Coggins, J. S. and S. Polasky et al., Dynamic Environmental Policy with Strategic Firms: Prices Versus Quantities 〔J〕. *Journal of Environmental Economics and Management*, 2003, 45: 356 −376.

〔13〕Nelson, R. A., Tietenberg, T. and M. R. Donihue, Differontial Environmental Regulation: Effect on Electric Utility Capital Turnover and Emissions 〔J〕. *The Review of Economics and Statistics*, 1993, 75: 368 −373.

〔14〕OECD:《发展中国家环境管理的经济手段》,刘自敏、李丹译,中国环境科学出版社 1994 年版。

〔15〕Paul R. Portney and Robert N. Stavins, Public Policies for Environmental Protection 〔M〕. second edition, Washington, DC: Resources for the Future, 2002.

〔16〕Timothy M. Swanson and Robin A. Mason, The Impact of International Environmental Agreements: The Case of the Montreal Protocol 〔DB/OL〕. http: //papers. ssrn. com/sol3/papers. cfm? abstract_ id =342920, 2002 −10.

〔17〕陈建伟:《环境规制下企业策略性行为分析》,厦门大学,2009 年。

〔18〕郭庆:《中国企业环境规制政策研究》,山东大学,2006 年。

〔19〕黄民礼:《环境规制的有效性分析——基于信息不对称和企业行为视角》,《佛山科学技术学院学报》(社会科学版) 2011 年第 1 期。

〔20〕李云雁:《环境管制与企业技术创新:政策效应比较与政策配置》,《浙江社会科学》2011 年第 12 期。

〔21〕沈芳:《环境规制的工具选择——成本与收益的不确定性及诱发性技术革新的影响》,《当代财经》2004 年第 6 期。

〔22〕石磊:《环境规制机制的设计与实施效应》,复旦大学,2007 年。

［23］托马斯·思德纳：《环境与自然资源管理的政策工具》，上海三联书店、上海人民出版社 2005 年版。

［24］王爱兰：《论政府环境规制与企业竞争力的提升——基于"波特假设"理论验证的影响因素分析》，《天津大学学报》（社会科学版）2008 年第 5 期。

［25］王俊豪：《政府管制经济学导论——基本理论及其在政府管制实践中的应用》，商务印书馆 2001 年版。

［26］于立、姜春海：《规制经济学的学科定位与理论应用》，东北财经人学出版社 2005 年版。

［27］于良春、黄进军：《环境管制目标与管制手段分析》，《理论学刊》2005 年第 5 期。

［28］张嫚：《环境规制对企业竞争力的影响》，《中国人口·资源与经济》2004 年第 4 期。

［29］张昕竹：《中国规制与竞争：理论和政策》，社会科学文献出版社 2000 年版。

［30］中华人民共和国环境保护部：《中国环境状况公报》（2010）［R/OL］．http：//www.mep.gov.cn/pv_obj_cache/pv_obj_id_2664F11057268A0849A1871670B91BB09D7C1200/filename/P020110603390794821945.pdf，2011 - 05 - 29。

动态金融监管理论研究

李　宏

摘　要　金融监管领域一直局限在一般性分析，本研究从一般均衡的角度开始尝试构建动态前瞻性金融监管的理论体系和模型。在原来单一期间金融监管模型的基础上，考虑多期动态效应，初步构建跨期动态金融监管理论模型，以便有利于对动态前瞻性金融监管进行较为完整的理论研究。

关键词　金融监管　金融中介　动态

一　引言

始于 2007 年的美国次贷危机引起了对现有金融监管模式的反思，使得金融监管从原来主要注重银行主体性的非系统性风险，转变为更加关注金融市场中形成的系统性风险。但是如何预测、评价和监控金融市场的系统风险则是一个新问题。尤其是对于我国来说，金融市场发展得较晚，金融机构相对而言综合竞争力较弱，更多依赖于国内市场，银行等业务同质性非常突出。同时以政府机构为主体的金融监管更多是沿袭原来的行政计划方式，较多使用的监管方式为总量规模管理、静态指标约束和事后管理等，即使目前银监会逐步采用了BSELL Ⅱ 的框架，但尚未形成有效的整体监管。加之我国金融监管基于市场发展和综合控制力的考虑，采用的监管原则是分业经营、分业监管，金融市场被分割监管，更加难以及时充分交流市场信息，对金融市场的整体系统风险进行调控。

二　国内外金融监管研究述评

2007 年美国次贷危机发生后，理论界和各国金融当局无法再回避为满足

［作者简介］上海财经大学金融学副教授，博士生导师。

［基金项目］2009 年度国家社会科学基金项目阶段性研究成果（09CJY082）和上海市浦江人才计划浦江学者项目资助支持。

金融机构逐利而牺牲市场稳定的现实问题。于是关于金融监管的研究大量增加，主要包括原有金融监管的作用、效率和如何有针对性地完善并改进金融监管制度、模式。金融监管根本性的问题在于金融机构的逐利内在性和金融市场稳定性的冲突。因此，如何预测、精确计算和应对金融机构在追求利润最大化时产生的风险隐患和由此而形成的冲击，避免形成系统性风险和对整体经济的干扰与破坏就成为 2007 年美国次贷危机后金融监管谈论的主题。监管的领域也从以往更多关注金融机构个体所产生的微观风险，向金融市场面对整体性的宏观金融风险预防、控制转变，研究和分析潜在宏观金融风险因素和由此产生的系统性干扰。同时，非常重要的一个问题就是商业周期对所在金融机构的影响，关联性产业或行业的风险作用。

美国金融危机后，金融监管的研究从执行层面上表现为美国国会 2010 年通过的 DODD - FRANK 法案和 BASEL Ⅲ；理论上则以大量的信用风险模型、风险测量方法、银行衍生品控制、系统风险测度与管理为代表。加之，2009年以希腊、葡萄牙等代表的欧洲国家主体违约风险的冲击，美国国债违约风险和主权评级下调等一系列研究为核心。

其中，Apanard（2009）研究了金融监管与银行危机后的成本，采用了时间序列方法，分析了 1970—2003 年 35 个发达和新兴市场金融监管与银行危机成本。Claudia 和 Gayle（2008）研究了弱化的金融监管会促使银行采用风险激进的兼并和扩张手段，相对忽视风险控制。M. L. McIntyrea（2009）等对市场监管下的新西兰银行进行了实证研究。

基本路径则体现为两种：一种是金融监管研究沿着各国政府金融监管制度发展为线索，如以美国 2010 年推出的 DODD - FRANK 法案即美国金融监管改革法案，代表国际一般性标准的 BASEL Ⅲ 和英国、欧洲的金融监管制度变革等，分析考量新的金融监管理论；另一种则是从美国次贷危机引发的对金融市场系统风险的度量、传递和防范，如对金融市场中举足轻重的大型金融机构稳定性的研究。

BASEL Ⅰ 主要是提出以资本充足率为银行控制风险的基础和标准，着重于银行利用自有资本抵御风险，同时对金融市场中的风险作了一定的分类和权重界定，但较为粗糙；BASEL Ⅱ 对银行、市场和政府在商业银行风险管理中的角色进行了区分，确定了三级的稳定风险管理构架，并对银行主要面对信用、市场和操作风险的测量作了更符合现代金融风险计量的方法改进。但很多方面并不完善，主要体现在促使银行精确测量风险，其他方面有效的方法、措施和制度较少。

（一）金融监管格局和组织重构

最主要的代表是 BSAEL Ⅲ 和美国金融监管新法案 DODD - FRANK 的研究和提出。基于对以往金融监管模式的反思和现有制度改革，希望能够通过强化事前结构化监管安排来降低金融体系关联性。在银行业务与非银行业务之间建立防火墙，这种风险隔离机制是有效且必要的，认为金融机构和监管者都必须注重建立防火墙机制。

（二）系统性风险测度与防范

Burak Saltoglu 和 Taylan Eren Yenilmez（2010）利用银行间市场交易数据研究了金融体系的系统风险问题，建立了银行间市场中关联系统性风险的交易量作为危机表现性指标，并利用 2000 年土耳其的金融危机数据进行了实证研究，证实其假设。

系统性、关联性是危机负面效应放大的主要渠道，过高的关联性会导致单家金融机构的风险事件通过溢出效应跨市场、跨地域传递，使得金融体系更容易陷入普遍的、系统性危机。全球金融体系越来越呈现出网络状，跨业、跨境金融交易规模大幅度增加，商业银行对资本市场的依赖性明显增强，银行体系与资本市场之间的藩篱逐步被打破。在这种情况下，应首先打破所谓的"全能银行"模式，而且，对关联度高的系统性金融机构提高资本标准。

一些文献研究在系统性风险事件（系统范围内的总经济损失超过一定的临界值）发生之后，考察单个银行在整个风险形成过程中起到的作用，即所谓的系统重要性，一般可以从两个角度去研究：一是从单个银行破产对实体经济的直接影响出发，分析银行在系统性风险事件中的参与度，如 Huang 等（2010）、Acharya 等（2009）、Brownlees 和 Engle（2010）；另外是从单个银行破产会在系统内转移危机，分析其总和的贡献度，如 Tarashev 等（2010）。衡量该风险的两个重要参数单个银行违约概率和资产之间的相关系数，虽然每篇文章中的模型设计都存在差异，但是其目的均在此，在此基础上设计出各种指标。Alfred Lehar（2005）认为，银行监管机构应该将在管辖范围内的所有银行看做一个组合，考虑它们之间的相关性，从而在银行系统这个层面上考察风险，并将系统风险定义为多个银行同时发生违约。认为股权是银行资产的看涨期权。利用可以观察到的股价和资产负债表数据倒推银行资产的价值以及与之相关的动态性质。

Jorge A. Chan－Lau 和 Toni Gravelle（2005），IMF 的工作论文指出不论是政策制定者还是投资者都应该对一个行业部门联合违约概率或者违约蔓延现象进行定量分析。在一定数量公司（机构）中出现共同违约的环境中，他们构建了一个 END（Expected Number of Defaults）指标来衡量行业系统风险。第一步利用结构模型去估计单个公司的违约概率，文章对原始的 Merton 模型进行了改进，引入不确定性的回收率，以期刻画类似跳跃的违约事件。文章还认为一个公司会试图维持一个最优的杠杆比率进行经营，因此假设资产价值的变化是一个零均值过程。第二步使用了 one－factor model of Vacisek（1987）（未发表）模型，此模型认为单个公司的价值取决于一个随时间变化的 common factor

和单个公司特有的 firm specific shock，假设这两种冲击均服从正态分布。结合第一步中的单个公司违约概率，利用主成分分析法得到单个公司价值与 common factor 的相关关系之后，可以得到多个违约发生的概率分布，从而得到 END 指标。类似的，Avesani 等（2006）IMF 工作论文也是将银行系统看成一个资产组合进行研究，只是构建了新的衡量指标。他们研究了关于 LCFIs（large complex financial institutions）的 Nth – to – default CDS basket 的违约概率并进行了压力测试，研究该违约概率对宏观经济条件变化的反应。他们的模型是利用 Hull 和 White（2005），Gibson（2004），Andersen、Sidenius 和 Basu（2003）的方法，设定银行资产价值由一个多因素的结构去决定，在此基础上估计条件违约概率，并利用这些决定因素去估计银行间资产相关性。

（三）宏观审慎性金融监管与微观审慎监管的研究

Samuel G. Hanson、Anil K. Kashyap 和 Jeremy C. Stein（2011）进一步区分了基于局部均衡下的微观监管与一般均衡下的宏观审慎监管的不同。指出原来金融微观监管主要是基于个体金融机构发生风险出现倒闭等问题所依赖的金融监管，如 Diamond 和 Dybvig（1983）谈及的银行挤兑破产风险模型等；同时他们详细讨论、提出了一系列宏观审慎监管应该采用的工具和手段，如高质量的核心资本要求、转换资本等，并分析了这些宏观审慎监管所带来的成本和其他影响。

宏观审慎监管旨在识别影响金融体系整体稳定性的风险，评估金融体系健康状况及其脆弱性。其定量分析方法主要采用金融稳健指标分析和压力测试，同时也运用一些定性分析，如对监管质量和金融基础设施健全性的评估。金融市场监测用来评估金融部门受某一特定冲击或一组冲击时的风险，通常采用早期预警系统（Early Warning Systems，EWSs）模型，分析指标包括金融市场指标、宏观指标和其他变量。宏观金融联系分析力图研究引发冲击的风险如何通过金融体系传递到宏观经济。宏观金融联系源于非金融部门对金融部门中介作用的依赖，包括非金融部门融资、居民存款、银行体系对货币政策的传导等。宏观经济监测旨在监测金融体系对宏观经济的总体影响，特别是对债务可持续性的影响。金融不稳定将使一国付出巨大的经济成本，降低经济增长率和偿债能力并可能导致国家违约。

（四）金融风险的传递与控制

美国金融监管改革法案和"BASEL Ⅲ"在一定意义上代表这次对金融市场风险控制的典型，本质上可以看出，金融市场的风险难以被控制，无奈之举实际上体现了这次金融监管改革的核心要点，整体市场的稳定是难以从简单交易量披露、控制，以及提升资本充足、控制金融创新来解决。金融机构追求利益最大化的本质，金融监管主体没有实际市场参与等问题和客观现实，势必导致金融监管滞后市场。同时，金融市场无序或者风险的信号到底如何体现和测度，依然是很大的问题，在这种条件下，金融监管的约束要么是过度，要么是不足，成立越来越多的金融监管机构，在官僚体系的制约下，不见得效率会高，或者更加容易发现市场信号或风险苗头，一定意义上，信息和决策在这种官僚系统内传递还会影响速度，降低金融风险控制效率。

（五）金融市场信息披露与消费者保护

美国新的金融监管改革 DODD‐FRANK 法案着重提出了对金融市场中信息弱势方金融消费者的保护问题。金融机构以创新的金融模式和金融产品不断地谋求利润最大化，这期间如何确保金融消费者的合理利益，是金融监管作为一种制度安排产生的起因。Martin Melecky 和 Sue Rutledge（2010）讨论了金融市场对消费者保护的几个方面，比如，透明度、自由选择、投诉与公平、私密性和金融市场教育等，他们认为消费者保护主要依赖于金融市场教育和金融监管。所谓金融市场教育也就是金融机构应该充分提示消费者金融产品、金融机构和金融市场的风险，及时披露信息，不能仅以回报诱导或误导消费者；金融监管则是真正保护消费者的基石和制度约束。

（六）创新性金融产品的监管问题

主要有在全球化进程中竞争国际金融中心的地位，竭尽所能地从金融创新中获利。金融机构在股本回报最大化的驱动下不择手段，有毒产品的层里嵌入过高的杠杆导致激励约束机制扭曲，不计风险和成本诱发的短期行为导致了过度的风险承担。甚至没有首付能力的人也都能轻而易举地获得住房抵押贷款。这种道德风险仍然无处不在，一方面是由于银行交易人员受到追逐利益的驱使，另一方面是银行从业人员的记忆力很短暂，不能很好地记住并吸取以往的教训。

（七）以影子银行等为代表非规范性存贷款业务的监管研究

历来商业银行有稳定的监管和对存款人的保障，但对于衍生出来的各类非银行存款机构如影子银行等，包括传统商业银行为规避监管在表外操作的非规范性存贷款业务，如何控制其风险并保护存款人的资金安全则是金融监管研究和关注的一个重点。其中 Gary Gorton 和 Andrew Metrick（2010）从规避监管、税收效应和此类机构高管人员产生道德风险等方面研究了影子银行的产生背景、资金投资行为和对市场稳定性产生的作用，并由此提出相应的监管思路。

（八）对第三方信用评级机构的约束

由于 2007 年美国次贷危机中的主要产品债务抵押债券，是一种经过评级机构予以信用风险评估后的抵押贷款证券化产品，发生危机后次贷大幅度损失，推出和投资此类金融产品的金融机构陆续破产，给这些金融机构评级和对其信用风险估值的中介评级机构在此之后，广泛地受到市场投资机构和政府的质疑。Mai Hassan 和 Christian Kalhoefer（2011）全面总结了市场、政府和投资者对信用评级机构的客观性、评级方法的精确性和逐利驱动等，以及因此而产生的监管需要和具体操作程序等方面进行了讨论。

三　基本动态金融监管理论模型

（一）政府的金融监管效用函数

国家的金融监管机构之所以对金融市场中的金融机构与主体实施一系列的约束与管制措施，根本目的在于维系金融市场的稳定（也就是金融市场的宏观稳定性与系统风险防范）、保护金融市场投资者的合法权益和促进金融市场资源优化配置（包括金融机构非系统风险提示与防范）等。

1. 构建单一时间的金融监管模型

在一定程度上，可以把单一时间的金融监管模型看为静态模型，也是一个局部均衡下的金融监管模型，针对的主要是微观金融稳定问题，就是相对而言的微观金融监管模型。下面构建一个适合于静态结构下的金融管制目标。单期状态下，仅需要考虑该时刻下的金融监管问题，便可以从金融稳定、金融资源配置和监管成本等角度考虑，可以把金融监管当局的目标函数刻画为：

$$R = R(F, K, C)$$
$$= R(F(x), K(x), C(x)) \tag{1}$$

其中，$R = R(F, K, C)$ 具有连续性、单调的、凹的性质。F 为金融稳定函数，K 为金融管制资源配置函数，C 为金融管制的成本函数，x 为金融管制强度指标。

为了充分反映金融管制对资源配置效率的影响和金融市场稳定的作用，以及管制成本最小化的考虑，对于金融管制当局而言，金融管制的目标必然会包括以下几个方面：

（1）金融市场稳定。金融管制追求的基本目标之一就是确保国内金融市场和金融体系的稳定，防止因为金融机构的风险和问题导致整个金融市场的不稳定，并进一步影响到整个宏观经济的稳定和持续发展。金融市场稳定在原有金融个体稳定的基础上，还包括系统性风险的控制。

为此，我们用一个金融稳定函数来刻画该目标，如图1所示。

$$F = F(\Gamma, B(x), O(x), I(x)) \tag{2}$$
$$F = F(x, S)$$

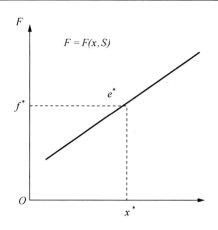

图1   金融稳定函数 $F = F (x, S)$

其中，S 指金融管制所处的金融市场指标系统，与之相对应的就是金融市场风险，包括系统风险和非系统风险，进一步可以用金融市场制度条件 Γ（表示为金融市场所处的制度条件，为外生变量），金融市场风险指标变量 $B(x)$（主要是指金融市场中的系统风险）、金融开放指标变量 $O(x)$ 和金融创新综合指标 $I(x)$ 等相应变量参数作为综合表示。所谓动态，就是持续关注涉及金融风险和不稳定因素的各种信号，保证金融监管与金融市场的相应变化；所谓前瞻性，是一种主动性的提前对综合信息和风险信号的关注，是说明金融监管应该确立各种指标，分析、收集、调查和研究金融市场、金融产品和金融现象，提前控制各种风险点。

进一步可以把金融稳定函数 $F = F(x, S)$ 描述为：

$F = x^n S$，$0 < n \leqslant 1$，n 为系数，其中 $F' > 0$，$F'' < 0$，

一般而言，宏观金融市场的稳定性应该与金融管制的强度相关，于是，金融稳定函数 $F = F(x, S)$ 是随着金融市场中金融管制总量约束的强度而不断变得越来越大，也就是金融稳定函数 $F = F(x, S)$ 越来越稳定。不过，为了维系金融市场的稳定，势必增加金融管制强度，这又会使得金融创新的意愿和能力越来越弱，金融经营机构的效益将会下降，金融市场资源配置效率也会降低，这必然直接影响到经济增长。与此同时，金融管制的实施也要受制于当时的金融市场制度和水平，在不同市场条件下，同样的金融管制得到的效果也是不同的，这也说明了为什么各国的金融管制与监管根据金融市场的发展一直在不断的调整和改革。

（2）金融资源配置函数。作为运营金融资源的主体，金融机构的运行效率直接影响到金融资源的配置效率，落后的金融管制会直接制约市场中金融机构的运营，降低金融企业的效益，进而影响金融资源的配置效率。但如果金融市场中缺乏足够的约束，也会导致金融市场的混乱和无序，而金融市场中的产

品又是一种不同于实体经济的虚拟产品，金融市场的竞争无序和混乱，将直接导致一些金融机构的危机，从而影响金融资源的合理配置。所以，优化金融资源的配置和提高配置效率应是金融管制的重要目标。

我们采用一个金融管制的资源配置函数来刻画该目标，如图 2 所示。

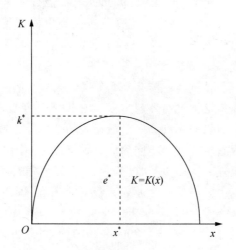

图 2　金融管制资源配置函数 $K = K(x)$

$$K = K(x)$$

金融管制资源配置函数 $K = K(x)$ 具有这样的一些性质，金融管制资源配置函数与金融管制强度和金融市场稳定性有关，随着金融市场中金融管制强度的增加，金融市场的稳定、金融资源配置效率也会提高，即金融管制强度越大，金融稳定函数值越大，金融管制资源配置函数 $K = K(x)$ 也越来越大。但是随着金融管制强度的增加，金融管制的资源配置函数 K 在达到一个最优状态 K^* 后，就会越来越小，甚至会趋于零。同时由于金融市场中金融管制强度的增加，使得金融创新的意愿和能力越来越弱，金融机构的效益将会下降、金融市场的效率也会降低，金融管制资源配置函数 $K = K(x)$ 也必然会趋于下降。于是可以刻画金融管制资源配置函数 $K = K(x)$ 为：

$$K = K(x) \quad F = (1 - x^m) x^n S \tag{3}$$

其中，m 为参数，服从 $0 < m \leqslant 1$。在该表达式中，当 x 比较小时，$K' > 0$；当 x 比较大时，$K' < 0$。

（3）金融管制成本函数。作为一种政府干预金融市场和金融机构运行的管理和监督方式，金融管制当局在运行时必然会涉及人、财、物等成本。而且金融管制的成本并非都可量化核算，因为其成本不仅体现在货币支出上，还会对金融机构的行为和投资决策产生影响，还有一些其他的间接成本，如道德风险等。根据银监会财政经费披露的数据显示，自 2004—2010 年间，银监会共收取监管费 385.69 亿元，其中包括机构监管费 57.74 亿元，业务监管费 327.95 亿元。过去七年间，中国银行业金融机构资产总额从 31 万亿元增至 95 万亿元，翻了两倍多；盈利方面，从 2004 年净利润总额 930 亿元，到 2010 年净利润总额 8991 亿元。在此期间，银行业监管费规模稳中有增，平均每年约 55.10 亿元，并在 2010 年降至 41.80 亿元，当年银行业监管费与净利润之比为 0.46%。根据相关规则，银监会监管收费分为机构监管费和业务监管费两部分，其中，机构监管费按被监管机构实收资本的 0.08% 计收；业务监管费按照资产规模分档递减，分段计收：资产在 3 万亿元以下，按资产的 0.02% 收取；3 万亿—4 万亿元部分，按 0.015% 收取；4 万亿—5 万亿元部分，按 0.01% 收取；超过 5 万亿元部分不计收[1]。在 2008 年年初和 2010 年 9 月，银监会连续两次下调了监管费标准。一个最显著的变化是，银监会将业务监管费与金融机构风险评级直接挂钩，不同的监管评级对应不同的风险调整系数，并扣除了被监管机构境外分支的重复收费。同时，随着银行业发展壮大，不计收部分提至 9 万亿元以上。例如，在业务监管费的分档费率中，资产 3 万亿元以下部分：2004—2006 年为 0.02%，2007—2009 年为 0.016%，2010—2012 年为 0.007%，其余部分以此类推。2004—2010 年间，银监会监管费总额为 385.69 亿元，平均每年 55.10 亿元。每三年为一个费率周期，由于银行业发展速度较快，因而从第一年到第三年，监管费逐年上升。

根据中国银监会披露的收支预算总表，2010 年、2011 年财政拨款收入分别为 46.32 亿元、46.71 亿元，金融监管等事务支出分别为 43.5 亿元和 44.79 亿元。

金融管制的成本包含两部分，即直接成本和间接成本。金融管制的直接成本包括金融管制当局制定和实施监督需要耗费的人力和物力资源，以及被监督对象因遵守监管法规而须建立新的制度、提供培训、花费时间和资金如资本金、存款准备金和保险金等所付出的成本，即执行成本等。如经常性的工资等行政开支，各种检查费用，再加上各种金融机构为配合监管而提供报表、提供检查场地、安排人员以配合各种检查而发生费用的成本，还包括在存款保护制度的条件下，金融管制确定的存款保险机构对遭受损失的储户所支付的赔偿等。金融监管部门收集、加工和分析信息方面的费用是相当高的。

间接成本是指因金融管制的行为干扰市场机制的资源配置作用，限制充分竞争，影响市场激励机制而导致金融市场中有关各方改变行为方式后造成的间接的效率和收益损失，即整个社会福利水平的下降。产生间接成本的金融管制行为有：金融管制的实施会引发道德风险，可能会阻碍金融创新，可能削弱竞争而导致价格提高和金融服务及产品单一，可能破坏公平竞争而导致某些机构

---

① 《第一财经日报》，《银监会 7 年收 386 亿元监管费模式公正性遭质疑》，http：//www. sina. com. cn/，2011 年 6 月 8 日。

处于不利的竞争地位等。个人的、企业的与金融管制机构交流的成本以及服从管制机构信息要求的成本必须包括在金融管制总成本之中，是一种管制带来的间接成本。而且随着金融管制的日益复杂化，由消费者和企业承担的为金融管制机构提供信息的成本也会逐渐增高。

首先，一旦在金融管制这一关键环节上出现管制不当行为，就会因金融管制具体实施者的个人利益而导致金融市场资源配置机能的扭曲，造成金融资源的错误配置，造成金融资源配置效率的低下。

其次，金融管制环节如过多，程序过于复杂，必然会增加金融企业的运营成本，这体现在生产企业为了获得融资、金融企业为了拓展业务而不得不向某些金融管制的监管官员行贿，需要花费一定的费用。

最后，金融管制部门如果出现腐败现象，必然会加重金融市场上的信息不对称现象，加大金融市场的振荡，从而削弱政府弥补市场缺陷的能力。

因此，可以用 $C = C(x)$ 表示金融管制的总成本，即为金融管制的成本函数，由直接成本和间接成本构成，又可称之为金融管制成本曲线，在此，假设 $C = C(x)$ 具有通常的成本函数性质，即 $C = \dfrac{c(x)\varphi}{F} = \dfrac{x\varphi}{x^n S}$ 具有非递减性、一次齐次性、凹性以及连续性。

2. 多期的动态金融监管模型

$$R_{t+1} = R_t(F_t, K_t, C_t) + R_{t-1} + \cdots + r_1$$

$$= R_t(F_t(x_t), K_t(x_t), C_t(x_t)) \sum_{i=1}^{t-1} R_i \tag{4}$$

其中，R、F、K、C 和 x 同上，t 表示为时间，i 代表影响的时间间隔。

简化考虑，可以假设金融监管时间为三期：$t-1$、t、$t+1$，t 为当前阶段，$t-1$ 为过去一时期，$t+1$ 则表示金融监管下一时段。我们计算当前时间 t 的金融管制函数 R_t，R_t 除了受到当期的金融不稳定因素影响外，势必会被以前金融风险干扰（这里假设以前金融风险可以归结为前一时段 $t-1$ 的集合），可以用累积的前期金融市场稳定函数 F_{t-1} 表示，那么当前阶段 t 的金融管制函数 R_t 可以表达为：

$$R_t = R(F_t, K_t, C_t) + F_{t-1} \tag{5}$$

3. 动态金融管制模型求解

（1）单一期限结构下金融管制模型求解。根据上面的讨论，可以把金融管制函数进一步表达为：

$$R = R_t(x^n S, (1 - x^m) x^n S, \frac{x\varphi}{x^n S}) \tag{6}$$

考虑到金融管制对金融稳定函数和金融资源配置函数的不同影响，可以确定金融管制的目标函数为：

$$R = F^\alpha K^\beta - C \tag{7}$$

其中，α、β 为参数，满足：$0 < \alpha \leq 1$、$0 < \beta \leq 1$。

将 F、K 和 C 的具体形式代入上式，整理得：

$$R = \left((x^n S)^\alpha \left((1 - x^m) \ x^n S \right)^\beta \right) - \frac{x\varphi}{x^n S} \tag{8}$$

通过求解 x，可以得到 R^*

$$R^* = x^{*n(\alpha+\beta)} \left(1 - x^{*m\beta} S^{\alpha+\beta} - x^{*1-n} \frac{\varphi}{S} \right) \tag{9}$$

从上式可以看出，当 x 比较小时，x 的上升，使得 F 上升，K 上升，C 上升。当 $(\alpha + \beta + 1) \ n > 1$ 时，x 的上升使得 $F^\alpha K^\beta$ 上升，但监管成本的上升超过了监管带来的收益，使得总收益下降，通常这种情形发生的可能性较小，后面我们不加考虑；当 $(\alpha + \beta + 1) \ n < 1$ 时，x 的上升将导致 R 的上升，即加强监管有助于提高社会福利。

当 x 充分大时，在条件 $(\alpha + \beta + 1) \ n < 1$ 下，x 的上升导致了 F 的上升，K 的下降，C 上升，因此 R 下降。这表明太高的监管程度降低了金融创新能力，提高了监管成本，从而降低了社会福利。

令 $\alpha + \beta = 1$，即 $\alpha = 1 - \beta$。在特定的条件 $S = 1$，$\beta = 0.25$，$\varphi = 0.098$ 下，m 分别取 0.2、0.5、0.8 和 1，通过 Matlab 编程，对数值进行计算，得到图 3。可以看出金融市场中必然会存在一个均衡时最优状态的金融管制 $R^* = F^{*\alpha} K^{*\beta} - C^*$。此时，在 F^* 点的 $R^* = F^{*\alpha} K^{*\beta} - C^*$ 也同样应该是金融市场中最优的金融稳定函数。同样，对于最优状态的金融管制 R^*，也存在一个最优的金融管制资源配置函数 $K^* = K^* \ (x)$；对于最优状态的金融管制 R^*，还存在一个最优的金融管制成本函数 $C^* = C^* \ (x)$。而最优状态的金融管制 $R^* = F^{*\alpha} K^{*\beta} - C^*$ 取决于金融管制所处的市场体制状况和金融管制所产生的成本系数水平。在其他条件一定的情况下，金融市场所在的经济制度越是健全，同等强度的金融管制效果越好；反之则越差。同时，说明在经济制度不健全的市场中，得到同样金融稳定的金融管制强度越大。与此同时，如果 φ 不变，那么 S 越大，R 就越大；反之，当 S 不变时，φ 越大，R 就越小。

（2）最优的动态金融管制求解。由于无法得到金融市场和监管数据，所以我们难以直接用方程来求解最优的金融监管函数；同时试图用数值方法求解也存在着困难。因此，下面我们采用猜解方法求出解析解。

根据金融管制目标函数可以求解：

一阶条件：

$$\frac{\partial R}{\partial F}\frac{\partial F}{\partial x} + \frac{\partial R}{\partial K}\frac{\partial K}{\partial x} + \frac{\partial R}{\partial C}\frac{\partial C}{\partial x} = 0 \tag{10}$$

$$\frac{\partial (F^\alpha K^\beta - C)}{\partial F}\frac{\partial (cx^n S)}{\partial F} + \frac{\partial (F^\alpha K^\beta - C)}{\partial K}\frac{\partial ((1-x^m) x^n S)}{\partial x}$$

$$+ \frac{\partial (F^\alpha K^\beta - C)}{\partial C}\frac{\partial \frac{x\partial}{x^n S}}{\partial x} = 0 \tag{11}$$

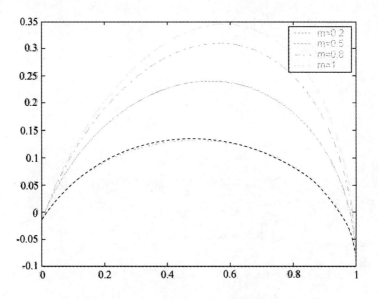

图3　一定条件下最优的金融管制

经计算可得：

$$n(\alpha+\beta)x^{n(\alpha+\beta)-1}(1-x^m)^\beta - m\beta x^{n(\alpha+\beta)}(1-x^m)^{\beta-1}x^{n-1} -$$

$$(1-n)x^{-n}\frac{\varphi}{S^{\alpha+\beta+1}} = 0 \tag{12}$$

如果在金融市场中，我们可以假设 $R = F^\alpha K^\beta - C$ 中金融市场稳定对金融管制的影响度 α 与金融资源配置效率对金融管制的影响度 β 存在一定关系，$\alpha + \beta = 1$，即 $\alpha = 1 - \beta$，那么金融管制的目标函数 R 即为：

$$nx^{2n}(1-x^m)^\beta - m\beta x^{2n}x^m(1-x^m)^{\beta-1} - (1-n)x\frac{\varphi}{S^2} = 0 \tag{13}$$

令 $\dfrac{\varphi}{S^2} = T$，表达是可变为：

$$nx^{2n}(1-x^m)^\beta - m\beta x^{*2n}x^m(1-x^m)^{\beta-1} - (1-n)xT = 0 \tag{14}$$

下面我们在不同的 T 条件下讨论 β 与 x^* 之间的关系。T 分别取 0、0.2、0.3、0.35 和 0.4 进行数值计算，可以得到图5。

（3）多期结构下金融管制模型求解。

$$R = (x^n S, (1-x^m)x^n S, \frac{x\varphi}{x^n S}) + F_{t-1} \tag{15}$$

$$R^* = x_t^{*n(\alpha+\beta)}(1-x_t^{*m})^\beta S_t^{\alpha+\beta} - (x_t^{*1-n}\frac{\varphi}{S_t} + x_{t-1}^n S_{t-1} \tag{16}$$

可得：

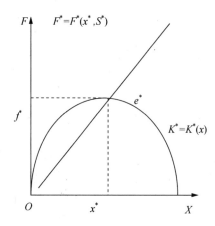

图 4   最优的金融管制函数 $R^* = R^*(F^*, K^*, C^*)$

$$n(\alpha + \beta) x_t^{n(\alpha + \beta) - 1} (1 - x^m)^\beta - m\beta x_t^{n(\alpha + \beta)} (1 - x_t^m)^{\beta - 1} x_t^{n - 1} - (1 - n) x_t^{-n}$$

$$\frac{\varphi}{S_t^{\alpha + \beta + 1}} - x_{t-1}^n s_{t-1} = 0 \tag{17}$$

按照理性预期的基本假设，如果我们认为金融监管变化和影响相对平稳，同时相对于 t 时期，$t-1$ 期金融市场相对稳定且其影响在 t 时期基本都已显现，即可认为如果 $t-1$ 期金融市场发生动荡或危机，金融监管势必因之而改变，那么可以认为 $t-1$ 期的金融稳定函数 F_{t-1} 为一个常数，即，$x_{t-1}^n S_{t-1} = \Theta$，$\Theta \geq 0$。若 $t-1$ 期金融市场稳定对时期金融监管强度没有影响，则 $\Theta = 0$，否则 $\Theta > 0$，也可以并入 C_t，作为 t 时期的金融监管成本 C_t 的增加量，并降低了 t 时期金融市场稳定函数 F_t，同时也会导致金融监管强度 x 等随之而变化、加强。所以，（17）式就可以转化为：

$$n(\alpha + \beta) x_t^{n(\alpha + \beta) - 1} (1 - x^m)^\beta - m\beta x_t^{n(\alpha + \beta)} (1 - x_t^m)^{\beta - 1} x_t^{n - 1} - (1 - n) x_t^{-n}$$

$$\frac{\varphi}{S_t^{\alpha + \beta + 1}} - \Theta = 0 \tag{18}$$

$$nz^{2n}(1 - x^m)^\beta - m\beta x^{2n} x^m (1 - x^m)^{\beta - 1} - (1 - n) x \frac{\varphi}{S^2} - \Theta = 0 \tag{19}$$

$$nz^{2n}(1 - x^m)^\beta - m\beta x^{2n} x^m (1 - x^m)^{\beta - 1} - (1 - n) x T - \Theta = 0 \tag{20}$$

四   结论与建议

现实中，金融监管总是滞后于金融市场创新，尤其是我国金融市场发展和开放的过程中，不但存在各种金融创新，还有大量境外金融机构的进入，形成金融风险的因素更加多样化和复杂化。因此，为了提早发现、防范风险，就需要研究具有主动性、综合防范风险的金融监管理论和相应的制度模式。

改进原来金融监管模型，改变被动性的等待金融机构报送指标单一型监管，增加变量包括测度金融创新所蕴含的风险状况，金融开放所产生的不稳定性等，分析这类因素对金融监管影响的理论模拟值。

考虑使用金融创新指数、金融创新品种复杂性和风险估值等确立动态前瞻性金融监管指标。根据中国金融市场开放的路径，考虑由此而产生的金融创新和金融产品、金融服务的发展，建立适应我国金融开放和发展的动态前瞻性金融监管模式。

根据中国金融市场开放的路径安排金融发展，考虑由此而产生的金融创新，在前期研究的基础上，建立可以衡量和测度我国金融开放和金融创新阶段和状态的动态前瞻性金融监管指标和模式。

确立动态前瞻性金融监管指标。根据开放指标变量和金融创新综合指标，利用参数分析法确定开放指标变量和金融创新综合指标所应包括的内容，金融机构跨行业并购交易量，金融机构交叉业务交易量，新批准交易所增加交易产品和交易量，批准设立的外资金融机构市场交易占有率等，以及按年度和日交易金融机构创新产品的数目和交易量，所蕴涵的风险与覆盖情况。

在我国现有市场经济条件下，构建符合开放金融市场中的动态前瞻性金融监管体制和实施监控指标体系。在目前监管格局基础上，应考虑对金融市场的综合监管。研究我国金融市场的开放与创新下，对金融监管的内在要求。同时，在最低程度影响金融市场效率、开放和创新的前提下，建立弹性有效的监管模式，实施动态前瞻性金融监管及相应模式的确立。

在现行监管指标体系下，建立综合风险预测指标，包含银行一般性风险，如信用风险、流动性风险、市场风险，还包括新业务和表外业务风险估值，风险市场传递和交叉风险以及资本管制下资金波动和大宗商品价格冲击指标等。

参考文献

[1] Burak Saltoglu, Taylan Eren Yenilmez, "Analyzing Systemic Risk with Financial Networks: An Application During a Financial Crash". MPRA Paper No. 26684, November 2010.

[2] Gary Gorton and Andrew Metrick, October 18, 2010, "Regulating the Shadow Banking System" Electronic copy available at: http://ssrn.com/abstract = 1676947.

[3] Diamond, D. and Rajan, R., A theory of bank capital [J]. *Journal of Finance*, 2000, 55: 2431 – 2465.

[4] Mai Hassan, Christian Kalhoefer, "Regulation of Credit Rating Agencies Evidence from Recent Crisis". Working Paper No. 26, February 2011.

[5] Samuel G. Hanson, Anil K. Kashyap and Jeremy C. Stein (2011) "A Macroprudential Approach to Financial Regulation". *Journal of Economic Perspectives*, Volume 25, Number 1 – Winter 2011 – Pages 3 – 28.

[6] Shleifer, Andrei and Robert W. Vishny, 2010, "Unstable Banking". *Journal of Financial Economics*, 97 (3): 306 – 318.

[7] Stein, Jeremy C., 2010, "Securitization, Shadow Banking, and Financial Fragility". *Daedalus*, 139 (4): 41 – 51.

银行监管透明度问题研究

——基于美国救市法案中公允价值会计谬误的分析

于永生

摘　要　2008 年金融危机使公允价值备受关注。本文分析美国救市法案的公允价值议题和金融机构对公允价值的责难，发现前者本欲减轻金融机构某些资产按公允价值计量所产生的压力，却将矛头指向仅提供计量和披露方法的 SFAS157，后者则将确认巨额次贷减值损失的原因归咎于公允价值会计。本文认为这些都是风马牛不相及的问题，存在明显的谬误。追求金融稳定的银行监管政策不应成为抑制财务报告透明度、激发财务数据游戏的助推器。

关键词　美国救市法案　金融危机　公允价值会计谬误

一　引言

美国"救市法案"中的会计议题存在明显谬误，这是金融机构院外游说误导所致。2008 年金融危机中，美国金融机构责难公允价值并成功说服国会将其意志上升为法律，目的是转移视线、摆脱罪名并借机废止金融工具领域的公允价值应用，这是一个恶毒的阴谋。危机事件中将会计作为替罪羊是金融机构的一贯伎俩；废止金融工具的公允价值应用是金融机构长期以来院外游说的目标。分析救市法案的会计谬误，阐释金融机构的内在动机，发现深层次的实质性问题，对深入理解金融危机中的公允价值问题有一定意义。

在市场流动性迅速恶化、资产价格大幅下跌情况下，公允价值会计及时地将金融工具的市场价格变化反映在财务报告中，使金融机构承受了很大压力；金融机构希望停止对金融工具计量公允价值，彻底切断财务报告与市场的联系，这样资产市场价格下跌就不会影响金融机构的财务报告，这是游说废止公

［作者简介］浙江财经学院会计学院，杭州，310018。

［基金项目］国家社会科学基金项目"银行会计制度与监管政策冲突根源及化解策略研究"（11BJY018）。

允价值会计的真正目的。

二 救市法案的会计谬误及其诱因

2008 年 10 月，美国国会通过《2008 紧急经济稳定法案》（又称 "救市法案"）。该法案第一部分 "问题资产拯救计划" 的第 132 节指出：如果从公众利益和投资者保护角度考虑暂停公允价值应用是必要或恰当的，美国证券交易委员会（SEC）可通过发布规范、制度或指令的形式暂停使用财务会计准则委员会（FASB）的第 157 号财务会计准则公告《公允价值计量》（SFAS157）；第 133 节又指出：金融机构依据 SFAS157 中的市值会计（Mark－to－market）指南编制财务报告，SEC 应对这些指南对金融机构资产负债表、信息质量和 2008 年银行破产的影响以及修订的可行性和替代方法等展开研究。

SFAS157 是 2006 年发布、2008 年生效的准则公告。它整理和修订零散分布的公允价值应用指南，制定统一的定义、计量框架和披露规定，适用于其他会计公告要求或允许计量资产和负债公允价值的情况，未涉及应用范围问题。SFAS157 发布之前，要求或允许对哪些资产和负债在何时计量（即 What 和 When）及如何计量（即 How）公允价值的规范分散在 40 多项具体会计公告中；如今，涉及 "What" 和 "When" 的规范保持原状，但有关 "How" 的规范汇总于 SFAS157，见图 1。SFAS157 的贡献在于：明确公允价值计量目标、汇编公允价值计量指南、简化实务操作、增强计量结果可比性和扩大披露等方面。

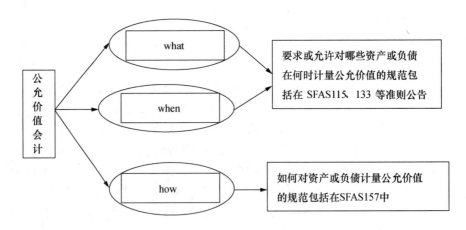

图 1 公允价值会计规范的内容

要求暂停 SFAS157、研究其影响的议案列入救市法案并获通过，说明多数国会议员确信公允价值会计应用是危机的诱因之一，这是金融机构及其行业组织半年来院外游说的结果①。事实上，该议案提出者的初衷是"废止"，而非"暂停"。在写给 SEC 主席的信中，议案提出者非常强硬、直白地表达了这一观点："我们强烈要求 SEC 立即停止公允价值会计，以重振金融系统，用更能反映资产真实价值的'按值计价'（Mark – to – value）取而代之"。但是，可能是会计专业知识匮乏，也可能是时间紧迫，救市法案未明确表达议案提出者的初衷且存在明显的概念性错误。在美国公认会计原则（GAAP）中，要求对金融工具计量公允价值的规范分散于多项准则公告中，最主要的是：SFAS115，它要求对划分为交易性和持有待售的证券计量公允价值，前者的价格变动计入损益，后者的计入权益；SFAS133，它要求对所有衍生工具计量公允价值，价格变动计入损益。金融机构的问题资产主要是基于次级房地产抵押贷款（次贷）的证券及其衍生品②，它们大多依照这两项准则进行会计处理。基于金融机构的真实愿望考虑，救市法案应要求停止使用 SFAS115 和 SFAS133，而不是 SFAS157。暂停 SFAS157 不会减少任何要求或允许计量公允价值的会计规范，根本没有减少金融机构实施公允价值会计的任何压力（因为它针对"How"，不涉及"What"和"When"），反而取消了能够增加可比性和可操作性的统一指南，见图 2。这样权威的法律条文出现如此低级的错误，简直是一个笑谈。

救市法案会计议题的谬误源于金融机构的误导性游说。美国国际集团（AIG）是最早建议取缔公允价值会计的金融机构。2008 年 3 月，AIG 披露110 亿美元与次级抵押贷款相关的资产减计损失（writedown），将其归咎于公允价值会计，遂向监管部门提交了停止应用 SFAS157 的建议书③。其后，花旗（Citigroup）、美林（Merrill Lynch）和摩根（J. P. Morgen Chase）分别披露 120亿、60 亿和 26 亿美元的次级抵押贷款资产减值损失；其间，上述金融机构均表示全力支持 AIG，呼吁停止使用公允价值会计④⑤。AIG 是美国最大的金融保险机构，后三者是美国最重要的银行，它们联手向国会施压，暂停 SFAS157的议案出现在救市法案中就不足为怪了。

---

① 2008 年 3 月以来，美国大型金融机构多次指责公允价值会计导致危机恶化和蔓延，要求暂停使用。

② 如房地产抵押贷款债券（MBS）、债务抵押债券（CDOs）和信用违约掉期（CDS）等。

③ Francesco Guerrera and Jennifer Hughes, "AIGurges 'Fair Value' Rethink". *Financial Times*, March 13, 2008.

④ ITAC, "Fair Value Measurement for Financial Instruments", May 23, 2008.

⑤ Marie Leone, "Investor Smack Banks for Fair Value Attack", May 30, 2008.

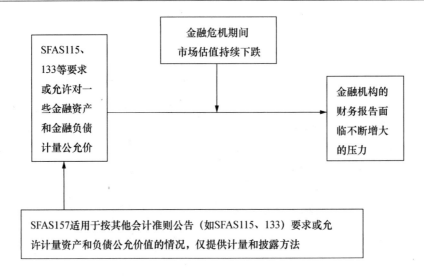

图 2　SFAS157 在美国 GAAP 中的作用

三　公允价值为什么成为替罪羊

尽管金融机构将公允价值作为"替罪羊"是一个明显的错误，但在危机初期获得普遍认可，甚至得到立法机构积极支持。分析其中的原因，能揭示金融机构的动机和公允价值问题的实质。

（一）危机爆发后金融机构面临的主要挑战

金融危机爆发后，市场流动性枯竭，次贷及相关金融产品市场估值持续下跌。金融机构遭遇新挑战：一是交易性账户按公允价值计量要确认跌价损失；二是银行账户进行资产减值要确认减计损失，导致收益和资产大幅缩水，资本充足率急剧下降，监管压力和破产风险不断加大。交易性账户占金融机构资产总额的比重较小，公允价值计量所确认的跌价损失较少，影响不显著；比较而言，银行账户因占资产总额比重较大，进行资产减值所确认的减计损失较多，影响也非常显著。例如，SEC（2008）的调查发现，2008 年前三个季度，样本金融企业确认的贷款减值高达 1210 亿美元，直接导致权益缩水 10%；而 2006 年和 2007 年全年确认的减值准备只有 270 亿美元和 620 亿美元，权益缩水仅为 3% 和 5%；因此美国证券交易委员会认为，急剧增加的贷款减值实质性地恶化了样本金融企业的净收益。再如，Shaffer（2010）研究贷款减值对金融机构资本充足率的影响，以美国 14 家大型银行为样本，比较公允价值计量和贷款减值对这些银行监管资本的影响，发现贷款减值对核心资本的消极影响显著，使其平均降低 15.63%，而公允价值计量的消极影响则较小，核心资本平均仅减少2.09%。这些证据表明，巨额贷款减值不仅导致金融企业收益大幅度缩水，而且使它们的资本充足率急剧下降、监管压力和破产风险不断加大，是金融危机期间较多介入次贷业务的金融机构破产或经营面临巨大挑战的主要原因。

但是，资产减值会计与公允价值会计具有显著差异。金融机构避重就轻，将确认巨额贷款减值损失的责任也归咎于公允价值会计是一个严重的概念性错误。

（二）公允价值会计、市值会计和资产减值会计辨析

在金融危机引发的公允价值会计争论中，把公允价值会计与市值会计和资产减值会计混为一谈的现象普遍存在。金融机构利用这种理解混乱挑起"废止公允价值"运动。因而，澄清公允价值会计与市值会计和资产减值会计之间的相互关系非常必要（见表1）。

表1　　　　　　公允价值会计与市值会计和资产减值会计的关系

名称	应用公允价值程度	公允价值变动处理方法	特征
公允价值会计	全面应用	计入损益或权益	双向反映公允价值变动
市值会计	全面应用	计入损益	双向反映公允价值变动
资产减值会计	特定条件下应用	计入损益	单向反映公允价值变动

1. 公允价值会计和市值会计。公允价值会计要求或允许主体在持续经营前提下，按公允价值报告某些资产和负债，并将其价格变动计入损益或权益（Ryan，2008）。市值会计要求或允许主体对财务报告中某些资产和负债按公允价值计量并将其变动计入损益（SEC，2008）。上述两定义的差异体现在被计量项目价值变动的处理上，公允价值会计包括价值变动计入损益和权益两种情况，而市值会计仅指价值变动计入损益的情况。很显然，公允价值会计涵盖市值会计。

2. 公允价值会计和资产减值会计。资产减值会计是指资产未来可回收金额或者价值低于账面金额时，减计资产的会计处理；它虽然涉及公允价值，但是单向的，即在可回收金额低于账面金额时确认资产的减值，而在可回收金额高于账面金额时不确认资产的增加，所以不是公允价值会计。资产减值会计蕴涵会计稳健思想，它仅反映资产持有期间无法预料因素对其可回收金额的负面影响，是单向的反映。公允价值会计强调客观性，反映资产持有期间价值波动的负面影响和正面影响，是双向的反映。

金融危机爆发后，美国金融机构的资产减计损失主要源于次贷及基于次贷的证券（如房地产抵押证券）和衍生工具（如信用违约掉期）。依据SFAS5、

65 和 114，贷款划分为"为投资而持有"（held – for – investment，HFI）和
"为出售而持有"（held – for – sale，HFS）两类；前者按摊余成本计量，仅确
认可能的信用损失减值；后者按成本与公允价值孰低计量，公允价值的下降计
入损益；它们都不属于公允价值会计。依据 SFAS115，证券分为三类。交易性
和准备出售证券按公允价值计量，前者的价值变动计入损益，后者的计入权
益；它们都归类于公允价值会计，但只有交易性证券的核算属于市值会计；持
有到期证券按摊余成本计量，但要比照公允价值进行减值测试，它不属于公允
价值会计。依据 SFAS133，基于次贷的衍生工具应按公允价值计量，其价值变
动计入损益，属于公允价值会计。在次贷及基于次贷的证券和衍生工具会计
中，衍生工具与交易性和可出售证券的核算属于公允价值会计，其中仅衍生工
具和交易性证券的核算属于市值会计，而次贷和持有到期证券的核算不属于公
允价值会计。

上述分析表明，SFAS157 根本不涉及公允价值计量的范围和时间问题，但
美国国会出于减轻金融机构财务报告压力的考虑要求暂停其使用；与贷款减值
比较，公允价值会计对金融机构财务报告和资本充足率的影响并不显著，但金
融机构却将其视为引发和加剧危机的重要原因；这些都是风马牛不相及的问
题。这样粗浅的概念性错误出现在市场成熟、会计制度完善的美国，值得我们
深思！

（三）SFAS157 压缩了金融机构的利润操纵空间

公允价值成为替罪羊还在于，2008 年生效的 SFAS157 包含更严格的公允
价值计量指南，压缩了金融机构的利润操纵空间，主要体现在以下几个方面：

1. 计量目标由模糊转为明确。SFAS157 设定的公允价值计量目标是获取
资产或负债的脱手价格，不是入账价格、也不是在用价值，明确地将资产的估
价权赋予市场，既客观又透明，大大压缩了以往模糊定义情况下的操纵空间。

2. 计量结果由汇总列报转为分级次列报。SFAS157 以所用参数为基础将
公允价值计量的资产和负债划分为三个级次，对不同程度使用市场参数的计量
结果区分对待、分别列报。与以往不加区分地汇总列报比较，这是一个很大的
进步，为使用者评价不同公允价值计量结果提供了权威的框架和依据。

3. 披露要求更全面、更苛刻。SFAS157 的披露规定与级次划分相结合，
侧重于三级计量的披露（因为它主要依据主体内部参数），具有两个显著
特征：

第一，将公允价值计量的资产和负债划分为经常性和偶然性两类，前者除
分类列报计量金额和级次外，还要披露当期利得或损失中未实现部分的比例及
所在位置，三级计量再追加披露这些计量对当期收益的影响，后者仅披露计量
的原因及所属级次，三级计量追加披露计量所用参数及推导参数所用信息。

第二，定性披露和定量披露相结合，前者在所有期间都要以表格形式披

露，后者针对估值技术，仅在年报中披露。这些披露规定逻辑清晰（经常性和偶然性的划分）、简单易懂（表格列示）、主次分明、定性与定量相结合且与公允价值级次相呼应，对提高公允价值计量整体可靠性有重要作用，建立一个约束主体利用公允价值计量操纵利润的有效机制。

金融危机期间，次贷相关金融工具的市场估值持续下跌。出于美化财务报告和满足监管资本要求，金融机构利润操纵的动机会更强烈。但 2008 年生效的 SFAS157 却大大压缩了原有指南中存在的公允价值计量选择和操纵空间，因而遭到金融机构的强烈指责，成为众矢之的。

（四）资产估值一直是有争议的问题

历史地看，重大经济金融危机事件中会计通常难逃干系。这是因为，一方面，会计信息的广泛经济后果和生成过程的大量主观因素导致会计天然具有了"替罪羊"身份特征；另一方面，会计理论研究强调会计方法选择不当（比如计量属性的选择）所可能造成的负面经济后果，增加了被指责的风险。经济金融危机事件中人们对会计的责难大多集中在"资产估值"方面。SEC 第一届委员会委员 Healy（1938）认为，企业"资产重估增值"所导致的虚假财务报告是造成 1929 年美国股市崩盘的一个重要原因。Franklin（1994）和黄世忠（2007）指出，美国 20 世纪 80 年代发生的"储贷危机"与金融机构财务报告使用历史成本而延误了监管部门的拯救时机有直接关系。国际稳定论坛（2008）指出，在金融危机环境下，金融工具估值和披露实务的缺陷充分暴露，增加了财务报告的压力，打击了投资者信心。财务报告的"资产估值"问题，即计量属性的选择问题，一直是会计理论研究的核心问题，因为不同计量属性的选择实质性地影响财务报告的结果，具有重大的经济后果，是企业的重大关切。计量属性选择问题的焦点是资产估值应基于"投入"还是"产出"，即按历史成本还是按公允价值。近年来，尽管公允价值应用不断拓展，但相关争论也愈演愈烈，表明相关各方观点存在激烈碰撞，尚未达成一致意见。SFAS157 从立项到最终发布历时三年多，之后又五次补充或修订；国际会计准则理事会（IASB）的"公允价值计量"准则自 2005 年 9 月立项至今尚未完成；这些事实足以说明当前公允价值会计争论的激烈程度。

经济金融危机事件中，财务报告的"资产计量"问题成为被指责的焦点是一种传统的惯性；SFAS157 所引发的关于公允价值的激烈争论通过 IASB 向全世界扩散；2008 年正式生效的 SFAS157 压缩了金融机构可能的操纵空间，进一步增加它们对公允价值会计的厌恶感。在这些因素的综合作用下，公允价值会计自然顺理成章地成为"替罪羊"。

（五）公允价值争论焦点的转移

公允价值会计一直是财务会计的热点和难点问题，相关文献汗牛充栋，总体评价是：相关性高、可靠性低。相关性高是因为公允价值会计力图使企业与市场对接，使财务报告信息反映当前市场背景下的企业财务状况；可靠性低是因为一些要素市场的发育尚不完善，它们的公允价值无法从市场中导出，只能依赖于企业本身。相关性高所产生的社会福利通常被漠视，但可靠性低所导致的财务事件却使公允价值屡遭诟病。

按照SFAS157，公允价值有三个级次：完全依据当前市场数据的是一级，主要依据市场数据是二级，主要依据企业内部数据的是三级。一级、二级是可靠的，因为它们的数据来源于独立于企业的渠道。三级是不可靠的，因为它们的数据来源于企业本身；会计信息的经济后果性促使恶意企业利用这个机会进行利润操纵或报表粉饰。可靠性低的公允价值就是指SFAS157划分为三级的可能情况，它是以往公允价值会计遭受责难的根源所在。

与以往不同的是，2008年金融危机期间金融机构对公允价值会计的指责并非针对"可靠性不足缺陷"。AIG总裁Sullivan（2008）指出："市值会计强迫企业确认损失，即使它们无意以当前的价格处置资产。"①救市法案一方面重申SEC具有暂停SFAS157的权利，另一方面却仅要求研究市值会计的影响及其替代方法。这些证据说明，如今的公允价值争论主要针对"市值会计"，即公允价值级次中的一级，它的可靠性最高。很明显，2008年金融危机期间的公允价值争论不再围绕"可靠性不足缺陷"，而是围绕"危机期间金融工具按市价估值是否仍有意义"，争论的焦点已经发生转移。

如前文所述，SEC将市值会计定义为对财务报告中某些资产和负债按公允价值计量并将其变动计入损益。市值会计的特点是将企业财务报告完全与市场对接，因而能导致财务报告金额随市场境况变动而上下波动。金融危机期间，次贷及相关工具的市场估值持续下跌，市值会计要求金融机构确认这些工具的损失、资产减值会计要求减计这些资产的账面金额，这不仅使净收益大幅度下降，也伤及权益总额，进而影响资本充足率，产生经营破产风险。这是金融机构憎恨市值会计的根源。问题是市场在不断地变化，市场估值持续上扬甚至泡沫化时，金融机构对公允价值会计乐此不疲，而市场估值下跌时却要废止，这种动机带有明显的欺诈性。

四　小结

次贷危机爆发以后，公允价值会计成为争论焦点。公允价值会计的内在理念是，财务报告的估值要依赖市场的估值。公允价值会计的目的就是让企业与市场对接，使企业财务报告反映市场变动。在这个过程中，公允价值已成为一

---

① Francesco Guerrera and Jennifer Hughes, "AIG urges 'Fair Value' Rethink". *Financial Times*, March 13, 2008.

种依附于市场的工具。因此，市场失灵时，公允价值会计必然失效，这不足为怪。问题是市场在不断地变化，有时流动性不足、有时流动过剩。FASB 和 IASB 紧急发布了市场流动性不足时的公允价值计量指南，但对市场流动性过剩时，即泡沫价格时的公允价值应用置之不理，这说明会计准则已兼容了监管政策目标。更深层面的问题是，改变财务数据是否能改变经济实质。肯尼迪政府曾通过改变失业率计算模式来美化美国经济。当前美国 8% 或 9% 的失业率按照以前的方法应是 13% 或 14%。这与改变公允价值计量规范如出一辙。这种"数字游戏"到底对经济实质有怎样的影响？

美国"救市法案"公允价值会计谬误会使"数字游戏"之风愈盛。金融机构财务报表上载有大量对冲工具，"数字游戏"是其惯用手段，它比实质性地提高业绩来得容易。但"透明度"是金融业发展的灵魂。在金融工具结构化、复杂化背景下，唯有"透明的市场"才可能吸引投资者，进而推动其发展。"透明的市场"要求金融机构财务报告与市场对接、与市场同舞，进而使投资者及时获得特定企业的市场价值信息、作出知情的决策；与市场对接的财务报告也会鞭策管理层专注于实质性地提高投资绩效，而不是"数字游戏"。这是一举多得的好事。来自权威金融监管部门、市场监管部门和学术界的大量后续研究也证明，废止公允价值在金融机构财务报告应用是万万使不得的，这无疑相当于丢弃金融市场的"灵魂"，故此 FASB 和 IASB 均一定程度地拓展了公允价值在金融会计领域的应用范围。尽管仍面临重重困难，但在投资者对金融市场"透明度"诉求不断增强推动下，未来公允价值在金融领域的应用只会拓展、绝不会收缩，因为这是市场经济不断发展的基本前提和内在要求。

参考文献

［1］United State Congress，Letter to U. S Securities and Exchange Chairman Christopher Cox，September 30 2008.

［2］SEC，"Report and Recommendations Pursuant to Section 133 of the Emergency Economic Stabilization Act of 2008：Study on Market – to – market Accounting"，2008，p. 94.

［3］Sanders Shaffer，"Fair Value Accounting：Villain or Innocent Victim"，2010，pp. 18 – 20. http：//ssrn. com/abstract = 1543210.

［4］Ryan，S. G.，Fair Value Accounting：Understanding the Issues Raised by the Credit Crunch. *Financial Markets*，*Institutions & Instruments*，Vol. 18，No. 2，2008，pp. 160 – 165.

［5］财政部会计准则委员会：《资产减值会计》，大连出版社 2005 年版。

［6］于永生：《公允价值级次：逻辑理念、实务应用及标准制定》，《审计与经济研究》2009 年第 4 期。

［7］刘峰等：《会计的社会功能：基于非历史成本研究的回顾》，《会计研究》2009 年第 1 期。

［8］Healy，R. E.，"The Next Step in Accounting". *The Accounting Review*，

（March）1938.

　　［9］Franklin Allen and Elena Carletti，"Market – to – Market Accounting and Liquidity Pricing". *Journal of Accounting and Economics*，1994.

·　　［10］黄世忠：《公允价值的十大认识误区》，《中国证券报》2007 年 5 月 10 日。

　　［11］Financial Stability Forum，"Report of the Financial Stability Forum on Enhancing Market and Institutional Resilience"，April 2008.